Sprachfreunde 2

Ein Sprachbuch
für die Grundschule

Erarbeitet von
Simone Behr
Katharina Förster
Solveig Haugwitz
Kathrin Knutas
Karin Kühne
und der Verlagsredaktion

Cornelsen

Inhalt

Laute und Buchstaben

1 Finde zu jedem Großbuchstaben den Kleinbuchstaben. Welcher Kleinbuchstabe fehlt?

A T M H K   r g j a h

P R S J G   t p m k

2 Welches Wort passt zum Buchstaben?

M

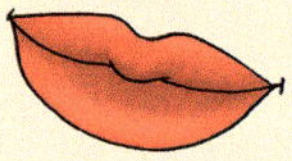

F

R

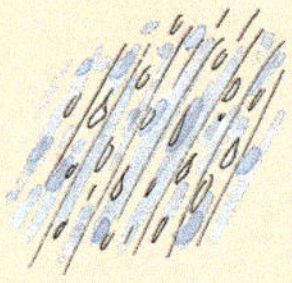

3 Wie klingen die Laute **A, E, I, O** oder **U** am Anfang – kurz oder lang?

 ☐ rdner

 ☐ hr

 ☐ gel

 ☐ meise

 ☐ lefant

 ☐ nanas

 ☐ bst

☐ mleitung

 ☐ nte

 ☐ nsel

4 Was hörst du am Anfang?

5 Was hörst du am Ende?

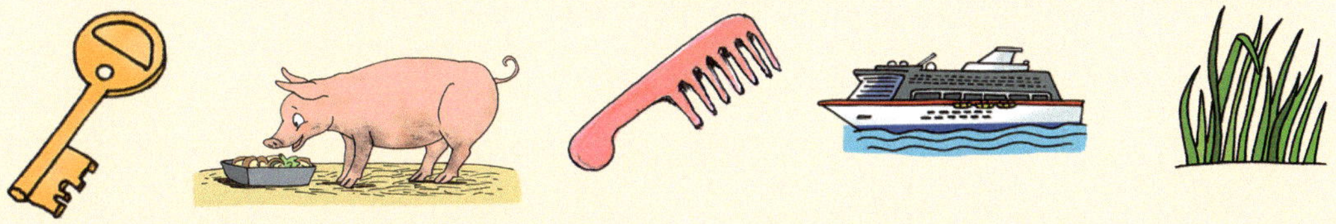

6 Welche Wörter sind gemeint? Schreibe sie auf.

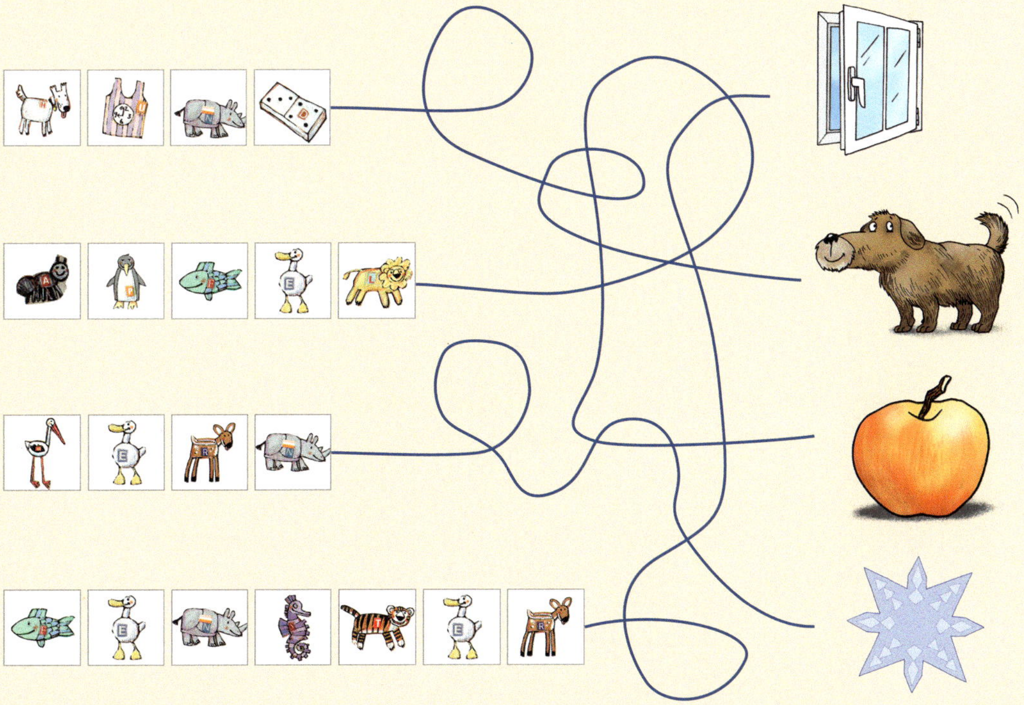

Silben und Wörter

1 Schreibe die Bilder als Wort auf: Tasche, …

2 Schreibe die Wörter auf. Setze Silbenbögen.
Markiere **a**, **e**, **i**, **o** und **u** in den Silben.

3 Finde die Reimwörter und schreibe sie auf.

Rose	Knopf	Baum	Schlauch	Hase
D _ _ _	K _ _ _	Sch _ _ _	B _ _ _ _	N _ _ _
H _ _ _	T _ _ _	R _ _ _	R _ _ _ _	Bl _ _ _

4 Trenne die Wörter richtig ab und schreibe auf.

PapatrinkteinGlasWasser.
AufdemTischliegenvierMesserundfünfGabeln.
IndenFerienbesuchenwirdieOma.

5 Bilde aus jeder Kugel drei Wörter.
Schreibe am Anfang mit großem Buchstaben.

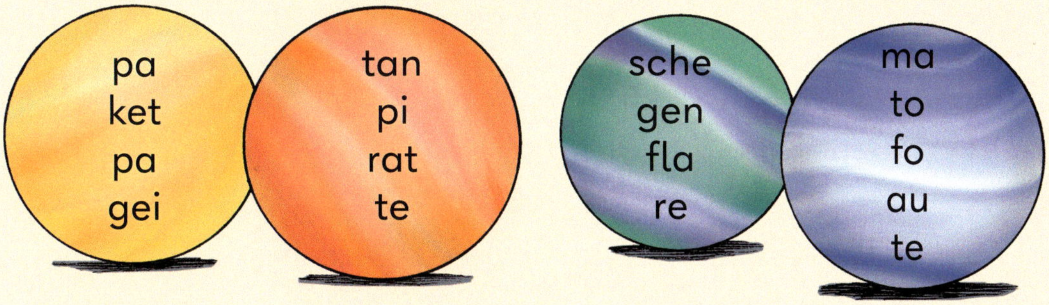

6 Setze zusammen und schreibe auf.

– die …

– der …

– der …

– der …

– die …

Sätze

1 Schreibe die Sätze auf. Denke an den Großbuchstaben am Anfang und den Punkt am Ende.

Die Erdbeere	ist ein Getränk.
Schokolade	ist eine Frucht.
Weizen	ist eine Süßigkeit.
Tee	ist ein Getreide.

2 Würfle und schreibe drei lustige Sätze auf.

⚀ Der Hund	⚀ isst gern Nudeln.
⚁ Mimi	⚁ kratzt sich am Ohr.
⚂ Mo	⚂ lacht sich schlapp.
⚃ Die Lehrerin	⚃ schnurrt zufrieden.
⚄ Mein Opa	⚄ geht den Dingen auf den Grund.
⚅ Ein Detektiv	⚅ bastelt tolle Dinge.

In der Schule

Sprecht von euren Ferienerlebnissen.
Hört euch gegenseitig gut zu.

über ein Erlebnis erzählen; zuhören;
Informationen zu Sachverhalten zusammenhängend weitergeben

Alle sind wieder in der Schule

1 Die Kinder erinnern sich an die Ferien.
Welche Fundstücke haben sie mitgebracht? Erzähle.

2 Was könnte ein Fundstück erzählen, wenn es sprechen könnte?

3 Die Kinder haben viele Wünsche für das neue Schuljahr.
Was wünschst du dir? Schreibe deinen Wunsch auf.

Ich wünsche mir, dass ich in die Fußball-AG komme.

Hoffentlich gibt es wieder tolle Wandertage.

Ich würde mir ein schönes Herbstfest wünschen.

Ich möchte gerne Streitschlichter werden.

Geschichten themenbezogen erzählen; ein eigenes Anliegen aufschreiben

Sprechen, hören und richtig schreiben

1 Mara hat in den Ferien ein Tierbuch bekommen.
Sprich die Wörter deutlich in Silben und höre genau.

2 Schreibe die Wörter auf.

Wenn man ein Wort aufschreibt, spricht man es ganz leise in Silben und schreibt es Silbe für Silbe auf:
Kro ko dil
Danach wird es noch einmal überprüft.

3 Sprich, höre und schreibe richtig auf.

⚀ 

⚁ 

⚂ 

lauttreu schreiben; Strategie „Genau hören und sprechen“ kennenlernen; Mitsprechen beim Schreiben

AH S. 4

Unser Abc

1 Sprich das Abc.

ABCDEFG HIJKLMNOP QRSTUVW XYZ

2 Überlege, wobei uns das Abc hilft.

3 Übt das Lied und singt es gemeinsam.

4 Übe das Abc-Gedicht.

ABC DE — Übt das Abc!
FG HI J — Das lernt ihr auch ganz flott.
KL MN O — Das kann ich sowieso.
PQ RST — Das finde ich okay.
UVW XY und Z — Das Abc ist jetzt komplett.

5 Schreibe das Abc in Großbuchstaben.
Schreibe in deiner schönsten Schrift. Lerne es auswendig.

Das Abc üben

1 Welche zwei Buchstaben stehen im Abc danach?
Schreibe so: CDE, …

2 Schreibe die Buchstabengruppen in der richtigen Reihenfolge auf.

A C E B D

F I H J G

K O M N L

P R Q T S

U X V W Y Z

3 Wer wird Abc-Meister?
Sprecht das Abc flüssig in einer Redeschlange.

4 Ordne die Tiere jeder Zeile nach dem Abc.

⚀ Zebra Affe Katze Fisch

⚁ Hund Biene Fliege Affe Igel

⚂ Esel Ente Elefant Eisbär

Selbstlaute und Mitlaute

1 Lies und achte auf die Laute.

A, E, I und O und U,
diese Laute kennst auch du.
A wie Affe,
E wie Esel,
I wie Igel,
O wie Osterhase,
U wie Uhu.
U, O, I, E, A, jetzt sind sie alle da.

2 Schreibe die Namen der Tiere auf. Markiere die Selbstlaute.

3 Schreibe deinen Namen auf und markiere die Mitlaute.

Emma, Luka, Oskar

4 Schreibe Vornamen auf, die mit einem Selbstlaut beginnen.
⚀ drei Namen ⚁ fünf Namen ⚂ sechs Namen
Emilio, …

5 Schreibe die Wörter so auf: der Bach, das Buch, …

a	o	a	e	a
B ▢ ch	H ▢ se	H ▢ nd	B ▢ rg	Sch ▢ le
u	a	u	u	u

6 Suche Wörter, die mit einem Selbstlaut beginnen und enden.
Schreibe sie so auf: alle, …

MERKE DIR

A, **E**, **I**, **O**, **U** sind **Selbstlaute**.
Sie heißen so, weil sie selbst klingen.
Alle anderen Laute heißen **Mitlaute**.

Merktafel
AH S. 6

Umlaute

1 Lies den Text.

Das neue Klassenzimmer
Wir haben jetzt neue Bänke und Stühle. Die Schränke sind grün. Im Regal stehen Kästen und Körbe.
Bücher und Blöcke liegen in den unteren Fächern. Es gibt Stifte in zwölf Farben.
Der Raum hat fünf Fenster.

2 Suche im Text Wörter mit den Umlauten **ä, ö** und **ü**. Schreibe sie auf.
⚀ drei Wörter ⚁ fünf Wörter ⚂ alle Wörter

3 Setze die Umlaute **ä, ö** oder **ü** richtig ein und schreibe die Wörter auf. Markiere alle Umlaute.
Schreibe so: das Mädchen, …

das M_dchen

die T_r

der B_r

die Fl_te

der K_fer

die T_te

der K_se

der L_we

MERKE DIR

Aus den **Selbstlauten a, o, u**
können die **Umlaute ä, ö, ü** werden.
das Dorf – die Dörfer, die Kuh – die Kühe, groß – größer

Zwielaute

1 Lies die Rätsel und löse sie.

Alle Tage geh ich aus
und bleibe dennoch
stets zu Haus.

Gestern war Freitag.
Morgen ist Sonntag.
Weißt du, welcher Tag
heute ist?

Es steckt in eins und zwei und drei,
im Reis, im Fleisch, in jedem Brei.
Der Kuchen schmeckt besonders fein,
rührt man es in den Teig hinein.

2 Achte in den Rätseln auf die unterstrichenen Buchstaben.
Wie viele Laute hörst du? Wie viele Buchstaben siehst du?

3 Setze die Zwielaute **ei, eu, au** richtig ein und schreibe sie auf.
Schreibe so: das Auge, ...

das  ge	die Fr 	der  ro	das B  n
das  to	die  le	das  s	das F  er

4 Zähle von eins bis zehn.
Schreibe die Zahlwörter auf,
die einen Zwielaut oder
einen Umlaut haben.

5 Schreibe vier Farben auf,
die einen Zwielaut haben.

MERKE DIR

ei, **au** und **eu** nennt man **Zwielaute**.
die Kreide, das Haus, die Leute

Merktafel
AH S. 7

Silben

1 Im Silbenrätsel haben sich Wörter mit zwei Silben versteckt. Finde sie.

Bru	Schu	Pau	Ta	Sche	Sei
sche	re	fe	der	le	se

2 Schreibe die Wörter aus Aufgabe 1 mit Silbenbögen auf. Markiere **a, e, i, o** und **u**.

der Bruder, …

3 Ordne die Wörter nach Silben.
⚀ je ein Wort ⚁ je zwei Wörter ⚂ alle Wörter

der Tisch	die Aufgabe	das Salz	die Minute
der Arm	das Telefon	der Kalender	die Wurzel
das Baby	der Keks	die Sekunde	der Ball

eine Silbe: Tisch, …
zwei Silben: …
drei Silben: …

4 Welche Bilder passen zu den Bögen?
Schreibe die Wörter so auf: a e – Ta…

a e au o a e u i e

MERKE DIR

Wörter bestehen aus **Silben**.
Jede **Silbe** hat einen **Selbstlaut, Zwielaut** oder **Umlaut**.
Heft, Kreide, Aufgabe, Tür

Mit einem Wörterverzeichnis arbeiten

Wenn man wissen möchte, wie ein Wort geschrieben wird, kann man es nachschlagen. Dazu benutzt man ein Wörterverzeichnis oder ein Wörterbuch.
Dort sind alle Wörter nach dem Abc geordnet.

Zum Abc kann man auch Alphabet sagen.

Am Rand und in der oberen Zeile stehen Anfangsbuchstaben.

Manche Wörter sind **fett** gedruckt. Sie heißen **Stichwörter**.

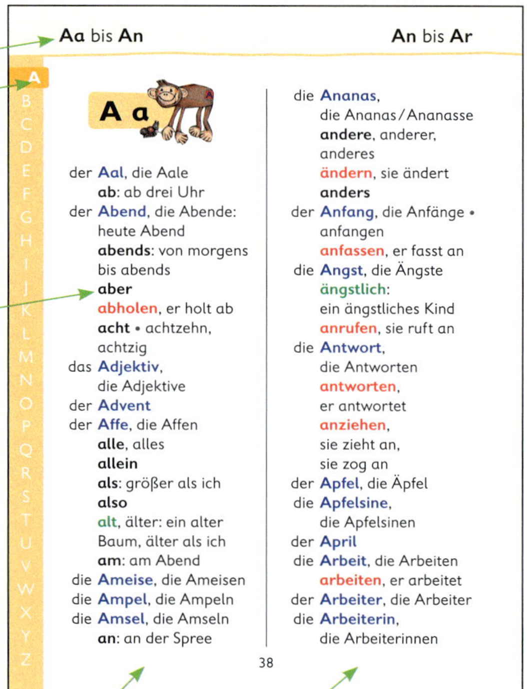

Aa bis **An** — **An** bis **Ar**

A B C D E F G H I J K L M N O P Q R S T U V W X Y Z

A a

der **Aal**, die Aale
ab: ab drei Uhr
der **Abend**, die Abende: heute Abend
abends: von morgens bis abends
aber
abholen, er holt ab
acht • achtzehn, achtzig
das **Adjektiv**, die Adjektive
der **Advent**
der **Affe**, die Affen
alle, alles
allein
als: größer als ich
also
alt, älter: ein alter Baum, älter als ich
am: am Abend
die **Ameise**, die Ameisen
die **Ampel**, die Ampeln
die **Amsel**, die Amseln
an: an der Spree

die **Ananas**, die Ananas/Ananasse
andere, anderer, anderes
ändern, sie ändert
anders
der **Anfang**, die Anfänge • anfangen
anfassen, er fasst an
die **Angst**, die Ängste
ängstlich: ein ängstliches Kind
anrufen, sie ruft an
die **Antwort**, die Antworten
antworten, er antwortet
anziehen, sie zieht an, sie zog an
der **Apfel**, die Äpfel
die **Apfelsine**, die Apfelsinen
der **April**
die **Arbeit**, die Arbeiten
arbeiten, er arbeitet
der **Arbeiter**, die Arbeiter
die **Arbeiterin**, die Arbeiterinnen

38

Spalte 1 Spalte 2

Die Wörter sind in zwei **Spalten** angeordnet.

1 Suche in einem Wörterverzeichnis das erste Wort mit **a**, **d** und **h**.

Stichwörter suchen

1

Ich höre genau, mit welchem Buchstaben das Wort beginnt.

2

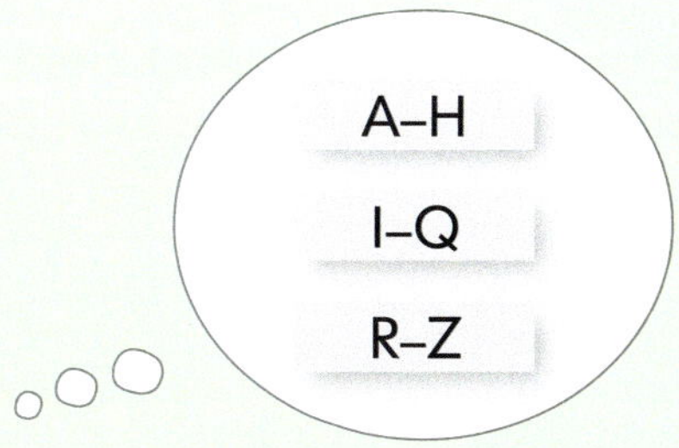

Ich überlege, an welcher Stelle im Abc der Buchstabe steht, damit ich das Wort schneller finde.

3

Ich suche die richtige Seite. Die Buchstaben am Rand und oben helfen mir.

4

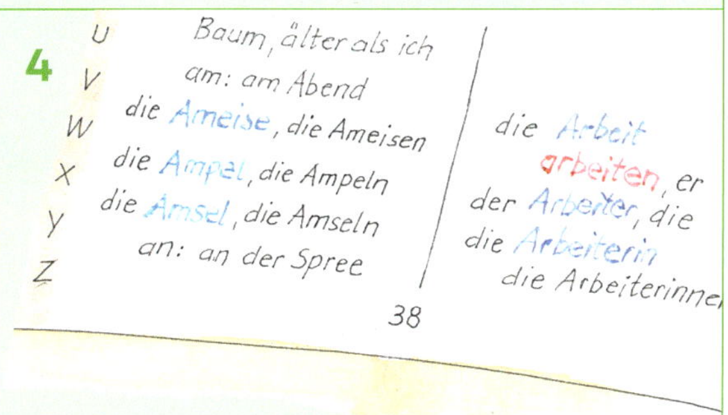

Ich gehe mit dem Finger die Stichwörter entlang. Dabei achte ich auf den zweiten Buchstaben.

A-Z **1** Findet im Wörterverzeichnis die Stichwörter. Schreibt die Seite und die Spalte auf.

brauchen: Seite …, Spalte …
satt: Seite …, Spalte …
Kopf: Seite …, Spalte …

A-Z **2** Finde heraus, warum manche Stichwörter rot, blau oder grün gedruckt sind.

Mitbringsel aus den Ferien

1 Was haben die Kinder in den Ferien erlebt?
Bastelt eigene Ferienheftseiten und stellt sie euch gegenseitig vor.

Geheimbotschaften

2 Übersetze die Botschaft.

Seite 146 | Spalte 2 | Zeile 30
Seite 148 | Spalte 2 | Zeile 29
Seite 146 | Spalte 2 | Zeile 24

Seite 145 | Spalte 1 | Zeile 25
Seite 147 | Spalte 2 | Zeile 36
Seite 148 | Spalte 1 | Zeile 41

Seite 149 | Spalte 1 | Zeile 3
Seite 147 | Spalte 2 | Zeile 36
Seite 146 | Spalte 1 | Zeile 21

3 Findet eigene Botschaften und schickt sie in die Gruppe.

analoge schriftliche Kommunikation, sprachliche Botschaften;
Orientierung in Nachschlagewerken

Im Herbst

Langsam fällt jetzt Blatt für Blatt
von den bunten Bäumen ab.

Jeder Weg ist dicht besät
und es raschelt, wenn man geht.

Bunte Blätter fall'n vom Baum,
schweben sacht, man hört es kaum.

Plötzlich trägt der Wind sie fort,
wirbelt sie von Ort zu Ort.

Wie sie flattern, wie sie fliegen,
sinken und am Boden liegen.

Erna Fritzke

Probiert mit euren Stimmen,
welche Geräusche ihr im Herbst hört.
Sprecht das Gedicht: schnell – langsam
laut – leise
betont – melodisch

Beobachtungen im Herbst

1 Welche Jahreszeiten siehst du auf den Bildern? Beschreibe.

2 Beschreibe, was sich verändert hat.

3 Luisa hat ihre Beobachtungen in einer Tabelle geordnet.
Wie heißt die Überschrift?
Wie viele Spalten und Zeilen hat ihre Tabelle?

Eine Tabelle besteht aus Tabellenkopf, Spalten und Zeilen.

Was sich im Herbst verändert

Spalte ↓

Tabellenkopf →

Zeile →

Sommer	*Herbst*
grüne Blätter	*bunte Blätter*
abends lange hell	
	heißer Tee

4 Zeichne die Tabelle mit dem Lineal ab. Ergänze sie.

5 Bilde Sätze mithilfe der Tabelle:
Im Sommer sind die Blätter grün. Im Herbst …

6 Was machst du gerne im Sommer, was gerne im Herbst?

Beobachtungen über Naturphänomene wiedergeben;
Sachverhalte beschreiben; eine Tabelle kennenlernen

AH S. 10

Herbstwörter

1 Lies die Wörter. Sprich leise mit.

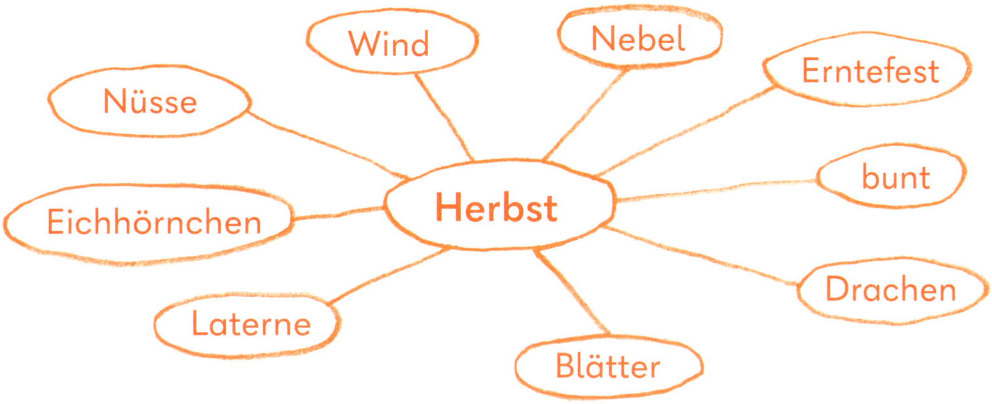

2 Sammle noch mehr Wörter zum Herbst und schreibe sie genauso auf.

3 Ida hat mit einigen dieser Wörter ein Gedicht geschrieben. Wie ist es aufgebaut?

Nüsse
Erntefest
Blätter
Eichhörnchen
Laterne

4 Ordne die Wörter so wie Ida zu einem Gedicht.

fallen   Ast   pflücken   lecker   Ernte

5 Suche dir ein Herbstwort aus und schreibe dazu solch ein eigenes Gedicht.

Menschen haben Namen

1 Die Kinder haben Luftballons bemalt und ihren Namen darauf geschrieben. Nun fliegen alle Ballons wild durchs Klassenzimmer. Beim Signal „Stopp“ fängt jedes Kind einen Ballon. Wie könnte das Spiel weitergehen? Probiert es aus.

2 Schreibe die Namen aus deiner Klasse auf.
Mädchen: ... Jungen: ...

3 Erkläre, was ein Vorname und ein Familienname ist.

4 Milla möchte jedem aus ihrer Familie einen Ballon schenken. Schreibe die Namen der Familienmitglieder nach dem Abc geordnet auf.

MERKE DIR

Menschen haben **Namen**.
Man schreibt sie immer groß: *Maria, Linus, Sofie, Paul.*
Auch **Personen** schreibt man groß: *Mama, Papa, Lehrerin.*

Tiere, Pflanzen und Dinge haben Namen

1 Hier haben Kinder vieles aus Kastanien gebastelt.
Welche Tiere, Pflanzen, Menschen und Dinge entdeckst du?

der Igel
das Herz
der Baum
der Junge
das Schiff
der Pilz
die Frau
das Schaf
die Blume
der Ritter
die Eule
das Auto

2 Ordne die Wörter aus Aufgabe 1 zu.
⚀ je ein Wort ⚁ je zwei Wörter ⚂ alle Wörter

Tiere: der Igel, ...
Pflanzen:
Dinge:
Menschen:

MERKE DIR

Namen für Menschen, Tiere, Pflanzen oder Dinge heißen **Substantive** oder **Nomen** (Namenwörter). Man schreibt sie immer groß: *das **K**ind, der **V**ogel, die **B**lume, das **B**uch.*

Unser Herbstfest

1 Lies den Text. Setze diese Wörter passend ein:

der die das ein eine

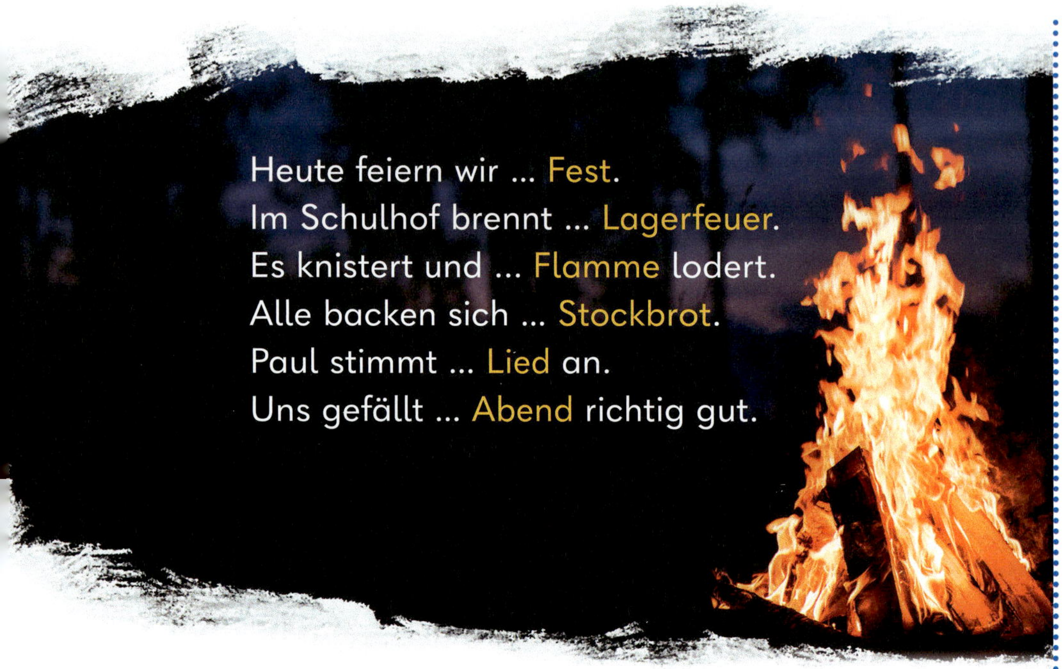

Heute feiern wir ... Fest.
Im Schulhof brennt ... Lagerfeuer.
Es knistert und ... Flamme lodert.
Alle backen sich ... Stockbrot.
Paul stimmt ... Lied an.
Uns gefällt ... Abend richtig gut.

ein Fest
das Fest

eine Flamme
die Flamme

ein Lagerfeuer
das Lagerfeuer

ein Lied
das Lied

ein Abend
der Abend

ein Brot
das Brot

2 Schreibe den Text ab.

3 Vergleicht eure Lösungen. Was stellt ihr fest?

4 Schreibe die gelb markierten Substantive/Nomen aus dem Text mit den Artikeln so auf:
das Fest – ein Fest, ...

MERKE DIR

Substantive/Nomen (Namenwörter) haben Begleiter.
Sie heißen **Artikel**.
Bestimmte Artikel: *der, die, das*
Unbestimmte Artikel: *ein, eine*
***der** Abend – **ein** Abend, **die** Flamme – **eine** Flamme,*
***das** Feuer – **ein** Feuer*

Bestimmte und unbestimmte Artikel kennenlernen;
Gebrauch der Artikel erproben

Merktafel
AH S. 12

Was wir im Herbst essen

1 Was kommt auf dem Tisch nur einmal vor?
Was kommt mehrmals vor? Beschreibe.

der Pilz
die Pilze

die Birne
die Birnen

der Kürbis
die Kürbisse

die Eichel
die Eicheln

die Nuss
die Nüsse

der Apfel
die Äpfel

die Pflaume
die Pflaumen

2 Schreibe alle Wörter der Wörterleiste in einer Tabelle auf:

Einzahl	*Mehrzahl*
die Birne	*die Birnen*

3 Markiere, was sich in der Mehrzahl verändert.

4 Ergänze die Tabelle mit ⚂ drei, ⚃ vier oder ⚄ fünf weiteren Substantiven/Nomen aus dem Wörterverzeichnis.

MERKE DIR

Substantive/Nomen (Namenwörter) können in der **Einzahl** und in der **Mehrzahl** stehen:
*das Kind – **die Kinder**, der Apfel – **die Äpfel**, die Blume – **die Blumen**.*

Singular und Plural von Substantiven/Nomen kennenlernen; Regeln für Artikel im Plural, unterschiedliche Bildung der Substantive/Nomen im Plural

Merktafel
AH S. 13

Wörter mit -el, -en, -er am Ende

1 Tom und Lea schreiben Herbstwörter auf. Worauf müssen sie achten?

2 Schreibe die Wörter so auf wie Lea.

3 Ordne die Wörter aus der Wörterleiste richtig ein.

-el	-en	-er
Ampel		

4 Suche die Mehrzahlformen. Zu welchen Substantiven/Nomen gibt es keine Mehrzahlformen?

5 Ordne die Wörter nach dem Abc.

- Besen Schaukel Himmel Käfer
- Flügel Garten Fenster Bauer Tafel
- Tunnel Teller Tomate Tiger

W

die Ampel
der Boden
der Bruder
die Feier
das Fenster
der Flügel
der Garten
die Insel
der Körper
der Nebel
der Regen
der Wagen

aber
hinter
morgen
oben
oder
über
unten

ZUM ÜBEN

Herbst
Die Blätter werden bunt. / Drachen fliegen im Wind. / Viele Kinder mögen den Herbst. / Sie sammeln Kastanien. / Daraus basteln sie lustige Tiere.

Merktafel
AH S. 14

Wörter verlängern

1 Sprich diese Wörter. Was hörst du am Ende?

2 Bilde nun die Mehrzahl. Wie hört es sich jetzt an?

Am Wortende klingt **d** wie **t**, **b** wie **p**, **g** wie **k**.
Verlängern hilft, die richtige Schreibweise zu finden.
Substantive/Nomen (Namenwörter) werden durch die **Bildung der Mehrzahl** verlängert.
die Hunde → der Hund, die Körbe → der Korb,
die Züge → der Zug

W

der Abend
das Bild
das Feld
der Freund
das Geld
die Hand
das Hemd
der Hund
das Kind
das Kleid
der Mund
das Pferd
der Sand
der Wind

der Korb

der Tag
der Weg

3 Wie werden diese Wörter am Ende geschrieben?
Verlängere zuerst: *die Bilder → das Bild, ...*

Bil d/t	Fel d/t	Ta g/k	Kin d/t
Aben d/t	Mona d/t	Bauwer g/k	Freun d/t
Fabri g/k	Hem d/t	Lich d/t	We g/k

4 Finde Reimwörter und schreibe sie mit Artikel auf.

das Feld	der Hund	die Wand	das Kind
das G...	*M...*	*S...*	*W...*
der H...	*Gr...*	*L...*	*R...*

5 Sucht euch ⚀ zwei, ⚃ vier oder ⚄ sechs Substantive/Nomen aus. Erklärt euch die richtige Schreibweise.

Käfi g/k   Ba d/t   Kal b/p   Wal d/t   Sonnta g/k   Ver b/p

Strategie „Wörter verlängern“; Verlängern von Substantiven/Nomen mit b, d und g am Ende (Pluralbildung)

Merktafel
AH S. 14

Unser WORTOMAT

1 Schau dir den Wortomaten an. Beschreibe ihn.

Um herauszufinden, ob ein Wort ein Substantiv/Nomen ist, kann man zwei Proben machen:
1. Artikelprobe: der, die, das ______
2. Mehrzahlprobe: ein, eine ____ / mehrere ____

schmecke frisch Foto

2 Welche Wörter sind Substantive/Nomen? Nutzt den Wortomaten.

REIF APFEL ERNTEST TISCH OBEN PILZ NASS HUND

3 Schreibe die Substantive/Nomen mit Artikel und in der Mehrzahl auf.

Richtig abschreiben

1 So schreibst du etwas richtig ab. Präge dir die Schritte ein.

1

leise **lesen**
in **Silben sprechen**

2

merken

3

schreiben
leise **mitsprechen**

4

prüfen
berichtigen

2 Schreibe in dein Heft ab. Beachte die Schritte.

⚀ lesen, sprechen, merken, schreiben, prüfen

⚁ Ich lese leise / und spreche / in Silben mit.
Schwere Stellen / merke ich mir.
Ich schreibe richtig ab / und prüfe.

⚂ Ich lese leise und spreche in Silben mit.
Schwere Stellen merke ich mir.
Ich schreibe richtig und sauber ab.
Zum Schluss prüfe ich genau und berichtige die Fehler.

Auf der Suche nach Informationen

1 Lest den Zeitungstext.

Märchen oder Wahrheit:
Eichhörnchen – das vergesslichste Lebewesen?

Dieses aufgeregte Tier wurde mehrfach bei der Suche nach seiner versteckten Nahrung beobachtet. Es lief unruhig zwischen den Bäumen hin und her. Scheinbar vergeblich versuchte es, sich an seine Verstecke der Vorräte zu erinnern. Droht für den Winter Hunger oder sogar Schlimmeres? Oder muss es jetzt in den Supermarkt gehen?

2 Überprüft die Aussagen mit eigenen Nachforschungen.
Überlegt, wo ihr die notwendigen Informationen bekommen könnt.

3 Informiert euch zu folgenden Themen.
Wen könnt ihr dazu fragen?

Wo finde ich verlorene Dinge in unserer Schule?

Was sind die beliebtesten Ziele für Wandertage bei uns?

4 Denkt euch eigene Fragen aus und ermittelt die Antworten in Gruppen. Vergleicht die Antworten miteinander.

Arten von Printmedien; Informationsrecherche in Printmedien (Zeitschriften und Kinderlexika); Informationen auswählen und prüfen

Miteinander leben

In einer Familie oder mit Freunden einigt man sich.
Was passiert auf den Bildern?
Hast du etwas Ähnliches schon erlebt?

Miteinander sprechen

1 Sprecht darüber, wie die Kinder miteinander reden.

2 Lies die beiden Texte.

Die Giraffe ist das Tier mit dem größten Herzen. Sie braucht ihr großes Herz, um das Blut durch den langen Hals bis in den Kopf zu pumpen. Die Giraffe lebt friedlich mit allen Tieren zusammen. Sie ist ein sehr freundliches Tier.
In der Giraffensprache sagen wir dem anderen freundlich, was uns stört und wie es uns geht.

Wölfe sind besondere Tiere, aber sie sind nicht so friedlich wie die Giraffen. Ihr Herz ist viel kleiner. Wölfe werden schnell wütend und knurren andere an.
Wölfe verstecken ihre Gefühle und sagen nicht, was sie fühlen.
In der Wolfssprache schimpfen wir schnell los und reagieren unfreundlich.

3 Woran erkennen wir Giraffensprache und Wolfssprache?
Woran hindert uns die Wolfssprache?

4 Welche Sprache haben die Kinder auf der oberen Zeichnung verwendet?

sich in andere hineinversetzen; verschiedene Ausdrucksformen kennenlernen

Wir einigen uns freundlich

1 Erzählt zu den Bildern. Wie könnte es weitergehen?

2 Beschreibe, was beide wollen und wie sie es ausdrücken.

3 Spielt die Situation in der Giraffensprache nach.
Wie kann sie gelöst werden?

4 Was tust du, wenn es Streit gibt? Begründe.

Eine Einladung zum Geburtstag

Julia möchte ihren Geburtstag feiern.
Die Feier findet am 13. Februar
im Kranichweg 8 statt
und beginnt um 15 Uhr.
Sie möchte ihre ganze Familie einladen.

1 Schreibe eine Einladung für Julias Geburtstagsfeier.
Die Checkliste hilft dir dabei.

Anlass	
Welcher Tag?	am 13. Februar
Welche Uhrzeit?	
Wo?	
Wer soll kommen?	
…	

Liebe Oma,
ich lade dich zu meiner …
am … herzlich ein.
Komm bitte um … Uhr!
Die Feier findet im … statt.
Deine Julia

2 Gestalte und schreibe selbst eine Einladung.
Wähle einen Anlass aus.

Eine bunte Geburtstagsfeier

1 Spielt das Spiel „Stille Pantomime-Post“ mit den Wörtern aus der Leiste. Es geht so:

Kind 1 und Kind 2 schauen sich an.
Kind 1 stellt „klein“ pantomimisch dar.
Kind 2 muss das Gegenteil „groß“ finden und darstellen.
Nun dreht sich Kind 2 um und stellt „klein“ für Kind 3 dar.
Kind 3 muss wieder das Gegenteil „groß“ finden.
So geht es reihum. Was kommt beim letzten Kind heraus?

hart
klein
leise
müde
neu
sauber
warm
wenig
gut
breit
bunt
frisch

2 Wie sind die Dinge im Bild? Setze ein.

frisch rund fröhlich neu

Die Blumen sind ...
Die Kinder sind ...
Die Stifte sind ...
Der Ball ist ...

3 Stellt euch gegenseitig Fragen zum Bild.

Fragt so: Wie ist ...? Die Tasche ist grün.
Wie ist ...? Der Sessel ist gemütlich.
Wie ist ...? Die Oma ist müde.

Im Wörterverzeichnis sind die Adjektive grün.

MERKE DIR

Manche Wörter sagen, wie Dinge sind.
Sie heißen **Adjektive** (Eigenschaftswörter).
Adjektive werden kleingeschrieben: *lustig, bunt, laut.*
Man fragt so: **Wie** ist ...? Der Apfel ist **süß**.

Glückwünsche

1 Julia bekommt eine Glückwunschkarte von ihrer Tante Irene. Was könnte die Tante ihr geschrieben haben? Setze die Kärtchen richtig zusammen und schreibe die Karte neu auf.

2 Unterstreiche in der Glückwunschkarte die Adjektive.

3 Wie sind die Dinge auf der Geburtstagsfeier? Schreibe richtig auf.
⚀ zwei Sätze ⚁ drei Sätze ⚂ möglichst viele Sätze
Die Girlande ist ...

Girlande Musik Kuchen Eis Kinder   kalt bunt leise fröhlich lecker

4 Setze die Adjektive in der richtigen Form ein.
Markiere, was sich ändert.
Schreibe so: *Das Spiel ist spannend. – das spannende Spiel*

Die Laune ist gut. – die ...
Die Torte ist groß. – die ...
Der Opa ist lustig. – der ...
Die Kerzen sind hell. – die ...

5 Spielt Teekesselchen. Wähle ein Bild und bilde die passenden Sätze dazu.

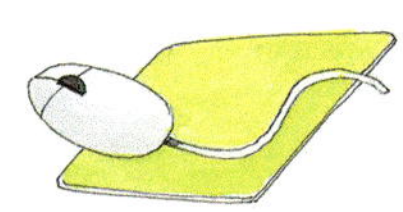

Sie hat ... ein rotes Licht | ein pochendes Herz | ein schwarzes Rad | ein weiches Fell | ein langes Kabel | einen dünnen Schwanz

MERKE DIR

Adjektive (Eigenschaftswörter) können ihre **Form verändern**, wenn sie vor Substantiven/Nomen (Namenwörtern) stehen: *weich – ein weiches Fell.*

Unser WORTOMAT A/a

A/a

Um herauszufinden, ob ein Wort ein Adjektiv ist, kann man zwei Proben machen: 1. Etwas/jemand ist ______.
2. der ______ Kuchen / das ______ Kind

Flasche knusprig

1 Untersucht diese Wörter mit dem Wortomaten.
Welche Wörter sind Adjektive?

KNURREN FEDER KLEIN ZOO HART DANN
LAUFEN SAUBER WARM SOFA BREIT KERZE

2 Schreibe die Adjektive mit einem passenden Substantiv/Nomen auf. Schreibe so: *die kleine Familie – eine kleine Familie ...*

Adjektive verlängern

1 Was hörst du bei diesen Adjektiven am Ende?

 gel_
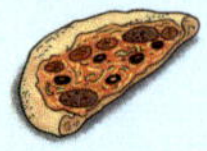 hal_
 leich_
 gesun_
 flüssi_

2 Verlängere das Adjektiv. Was hörst du nun?
Schreibe so: *die wilde Jagd – wild*

gesun_ – das Obst
flüssi_ – das Waschmittel
ro_ – die Fahne
gel_ – das Blatt
hal_ – die Stunde
lau_ – die Musik

W
fremd
gesund
gelb
lieb
flüssig
mutig
rot
laut
weit

3 Welche Adjektive passen zu **Pizza**, **Kind** oder **Tag**?
Ordne richtig zu und schreibe so:
ein fremdes Kind …

frem_, hal_, sonni_, gesun_, knuspri_, trü_
lie_, riesi_, spannen_, klu_, run_, muti_

4 Bilde mit den Wortgruppen kurze Sätze.

eine leich_e Feder – Das Blatt ist leich_ wie eine Feder.
das riesi_e Ungeheuer – Im Wald spukt …
der wei_e Weg – …
der lie_e Gruß – …
ein run_er Bauch – …

ZUM ÜBEN

Julia will feiern
Die Eltern schenken ihr eine gelbe Tasche.
Oma hat frische Blumen. Mama bäckt einen feinen Kuchen.
Der Bruder malt einen mutigen Ritter.

Merktafel
AH S. 20

Wörter mit Sch/sch am Wortanfang

W

die Schwester
die Schere
die Schrift
der Schnee

schreiben
schlafen
scheinen
schauen
schneiden
schenken

schwer
schwarz
schnell
schlau
schön

schon

1 Finde zu jedem Adjektiv den Gegensatz in der Wörterleiste: *langsam – schnell*

langsam leicht dumm weiß hässlich

2 Setze die richtigen Wörter ein und schreibe auf.

schneiden schon Schwester schön
schauen schenken Schere

Sascha und seine ___ basteln mit Papier.
Sie ___ mit der ___ bunte Blumen aus.
Das haben sie ___ oft gemacht.
Das Bild ___ sie den Eltern.
Mama und Papa ___ es sich genau an.
„Oh wie ___!“, sagt Mama.

3 Schreibe die Sätze richtig auf.

Opa will im Bett schwimmen.
Meine Eltern schreiben oft im See.
Mein Bruder will nicht in seinem Heft schlafen.

4 Bilde sinnvolle Sätze mit **schenken, schneiden** und **schauen.**

- 3 Sätze
- 5 Sätze
- so viele Sätze wie möglich

A-Z **5** Schlage die Wörter **scheinen, Schrift** und **Schnee** nach.
Auf welchen Seiten stehen die Wörter?
Schreibe so: *scheinen, Seite ..., Spalte ...*

Miteinander üben: Partnerdiktat

1

Lest den Text und markiert schwierige Stellen.

2

Einigt euch, wer zuerst diktiert. Diktiert langsam und deutlich bis zum Strich. Nun wird getauscht.

3

Helft euch, wenn ihr merkt, dass das andere Kind einen Fehler macht.

4

Kontrolliert gründlich und berichtigt eure Fehler. Gratuliert euch zu vielen richtigen Wörtern.

1 Schreibt ein Partnerdiktat.

⚀ Unsere Familie
Mama und Papa / Oma und Opa /
mein Bruder / meine Schwester

⚁ Meine Familie
Ich lebe / mit meinen Eltern /
und meiner Schwester / in einem Haus.
Oma und Opa / wohnen auch / bei uns.

⚂ Julia hat Geburtstag
Der Bruder malt / für Julia / ein buntes Bild.
Mama schenkt / ihr eine / gelbe Tasche.
Papa bringt / bunte Blumen. / Oma und Opa / schreiben ihr /
einen Brief. Julia bedankt sich / bei ihnen.

Laufdiktat, Klappdiktat, Dosendiktat

1 Mit diesen Diktaten könnt ihr noch mehr üben. Probiert alle aus.

So schreibst du ein **Laufdiktat:**

Laufe leise zum Text.
Lies leise.
Merke dir einen Teil. Präge dir die Wörter genau ein.
Schreibe ohne Fehler in dein Heft, was du dir gemerkt hast. Schreibe so den gesamten Text auf.
Kontrolliere und **berichtige**.

So schreibst du ein **Klappdiktat:**

Lies leise den gesamten Text. Markiere Stolperstellen.
Befestige den Text außen am Heft (Hülle oder Büroklammern).
Merke dir einen Teil. Präge dir die Wörter genau ein.
Klappe das Blatt **um**.
Schreibe ohne Fehler in dein Heft, was du dir gemerkt hast. Nun musst du **wieder umklappen**.
Schreibe so den gesamten Text auf.
Kontrolliere und **berichtige**.

So schreibst du ein **Dosendiktat:**

Lies leise den gesamten Text. Markiere Stolperstellen.
Schneide den Text in Streifen. Mische die Streifen und sortiere sie wieder.
Merke dir einen Satz. Präge dir die Wörter genau ein und stecke den Streifen in die Dose.
Schreibe ohne Fehler in dein Heft, was du dir gemerkt hast.
Schreibe so den gesamten Text auf.
Hole die Streifen aus der Dose. **Kontrolliere** und **berichtige**.

Medien bei uns zu Hause

1 Welche Medien werden in dieser Familie verwendet?

2 Welche Medien oder Spiele gibt es bei euch zu Hause?
Erstellt eine Tabelle und vergleicht.

Hörbuch	Film	Buch	Kartenspiel	Comic
Die drei ???	Findet Nemo	Lexikon	Mau-Mau	////

3 Fülle diese Tabelle aus.
Wie lange nutzt du täglich Medien? Vergleicht eure Tabellen miteinander.

Tag	Lesen	TV	Hören	Spielen
Mo	–	25 min	15 min	–
Di	30 min			
Mi				
Do				
Fr				
Sa				
So				

Märchenzeit

Welche Märchen seht ihr auf dem Bild?
Kennt ihr andere Märchen?

Erzähle ein Märchen, das du kennst.

Hört einander beim Erzählen gut zu.

Ein Märchen erzählen

Märchen
Vor sehr langer Zeit gab es noch kein Fernsehen, keine Computer und auch keine Märchenbücher. Die Menschen erzählten sich die Märchen. Märchenerzähler zogen durch das Land. Vor fast 200 Jahren haben die Brüder Grimm Märchen gesammelt und aufgeschrieben.

1 Stell dir vor, du bist ein Märchenerzähler. Erzähle das Märchen „Schneewittchen". Die Bilder helfen dir dabei.

2 Nutze die Satzanfänge.

Es war einmal ... Bald darauf ... Zum Schluss ...

Und wenn sie nicht ...

Reihenfolge beim Erzählen berücksichtigen; unterschiedliche Satzanfänge nutzen
AH S. 22

Ein Märchen spielen

1 Spielt das Märchen von Schneewittchen nach.
Verteilt die Rollen. Welche Dinge braucht ihr?

Personen:
Schneewittchen: Finia
Böse Stiefmutter:
Jäger:
1. Zwerg:
2. Zwerg:

Das brauchen wir:
Spiegel
Apfel
Kamm
Gürtel

2 Lest das Märchen von Schneewittchen noch einmal nach.
Macht euch kurze Notizen dazu.

- Schneewittchen lebt in Schloss bei Stiefmutter
- sehr hübsches Mädchen
- Stiefmutter ist neidisch

- Stiefmutter befragt den Spiegel
- Schneewittchen ist schöner
- Jäger soll sie im Wald töten

- Jäger schafft Schneewittchen in den Wald
- Schneewittchen findet das Zwergenhaus
- lebt bei den Zwergen

3 Denkt euch Gespräche zum Märchen aus und übt sie ein.

4 Spielt das Märchen vor.

Was die Märchenfiguren tun

1 Sieh dir die Bilder an.
Was tun die Märchenfiguren?

2 Setze die Wörter aus der Wörterleiste passend ein. Unterstreiche sie.

Aschenputtel möchte mit dem Prinzen …
Goldmarie soll die Betten …
Dornröschen muss einhundert Jahre …
Rotkäppchen soll der Großmutter Kuchen und Wein …
Schneewittchen möchte vom Apfel …

tanzen
schlafen
ausschütteln
kosten
bringen

3 Stellt ohne Worte dar,
was andere Märchenfiguren tun.

MERKE DIR

Wörter, die sagen, **was** jemand **tut**,
heißen **Verben** (Tätigkeitswörter).
Im Wörterbuch stehen sie in der **Grundform** (Nennform):
schlafen, essen, singen.

Merktafel
AH S. 23

Märchen-Kuddelmuddel

1 Hier sind einige Märchen durcheinandergeraten.
Bringe alles wieder in Ordnung.

Der Wolf	schläft hundert Jahre.
Schneewittchen	gibt Rotkäppchen einen Korb für Großmutter.
Die Mutter	holt das Brot aus dem Ofen.
Goldmarie	ruft die sieben Geißlein.
Dornröschen	kauft von der bösen Königin einen Apfel.

kaufen
sie kauft

rufen
er ruft

geben
sie gibt

holen
sie holt

schlafen
es schläft

2 Schreibe die Sätze richtig auf. Markiere die Verben.
Vergleiche sie mit der Grundform (Nennform).

3 Was kannst du mit Märchen noch machen?
Schreibe so: *Ich höre Märchen mit dem ...*

hören
lesen
malen
spielen

MERKE DIR

Verben (Tätigkeitswörter) **verändern sich** im Satz.
Grundform (Nennform): *kaufen.*
Gebeugte Form (Personalform): *ich kaufe*
kaufen – Ich kaufe Obst. Er kauft Obst.

Grundform (Nennform) gebeugte Form (Personalform)

Wer bin ich?

1 Beschreibe acht Märchenfiguren. Nutze diese Wortanfänge.
Schreibe so: *Ich bin eine Prinzessin. Ich habe eine Krone.*
Du bist ein ... Du hast einen ...

⚀ zwei Satzpaare ⚁ vier Satzpaare ⚂ alle Satzpaare

ich bin
du bist
er/sie/es ist
wir sind
ihr seid
sie sind

eine Prinzessin
ein Zauberer
ein König
ein böser Geist
eine Fee
zwei Riesen
sieben Zwerge
drei Hexen

ich habe
du hast
er/sie/es hat
wir haben
ihr habt
sie haben

eine Krone
einen Umhang
einen Zauberstab
eine Schatztruhe
eine goldene Kugel
ein Schwert
ein Schloss
viele Diener

2 Woher kennst du diese Sprüche?

Knusper, knusper, knäuschen,
wer knuspert an meinem Häuschen?

Wer hat von
meinem Tellerchen
gegessen?

Bäumchen, rüttel dich und
schüttel dich, wirf Gold und
Silber über mich!

3 Kennst du noch mehr Sprüche aus anderen Märchen?

Unser WORTOMAT

Um herauszufinden, ob ein Wort ein Verb ist, kann man zwei Proben machen: 1. Wir-Probe: wir ______
2. Ich-Probe: ______

Salami gehen

1 Untersucht diese Wörter mit dem Wortomaten.
Welche Wörter sind Verben?

TRINKEN LANG FREUDE LACHEN KÖNIG
HINAUF BAUEN GELB TEILEN

Erzählen

Setze deine Stimme ein.
Sprich:
- deutlich
- mal laut, mal leise
- mal langsam, mal schneller
- gut betont

Setze dein Gesicht ein.
Schaue deine Zuhörer an!

traurig

wütend

nachdenklich

fröhlich

Nutze deine Hände und den Körper.

Das kannst du noch beachten:
Nutze Hilfen: Stichpunkte, Erzählkarten, ...
Sprich in Sätzen.
Bleibe beim Thema.
Erzähle in der richtigen Reihenfolge.

1 Probiere die Tipps aus.

Frudia klamimbola rota.

- ⚀ Sprich den Spruch ganz langsam, ganz schnell, ganz leise, ganz laut ...
- ⚁ Sprich den Spruch wie ein mächtiger Zauberer, wie eine hochnäsige Prinzessin, wie ...
- ⚂ Spiele ohne Stimme einen stolzen König, einen ängstlichen Zwerg, ...

Zuhören

Der Erzähler braucht dich.
Es ist leichter für den Erzähler, wenn er interessierte Zuhörer hat.

Sei aufmerksam.
Höre genau zu.

falsch

richtig

Sage dem Erzähler, was dir **gut gefallen** hat.

Sage dem Erzähler, was er noch **verbessern** kann.

1 Eine Checkliste hilft, damit du dem Erzähler gute Tipps geben kannst.

Einsatz der Stimme: *Oskar*			
spricht deutlich	☺	😐	☹
Sprechtempo			
Betonung			

Verben verlängern

1 Finde zu diesen Substantiven/Nomen ein passendes Verb in der Wörterleiste.
Schreibe so: *die Frage – fragen, das Bad – …*

die Frage | das Bad | die Bewegung | der Zeiger
der Flieger | der Kleber | die Übung | die Rede

2 Markiere **b**, **d** und **g** in der Wortmitte.

Manchmal klingt das **b** wie **p** (er ü**b**t) oder das **g** wie **k** (sie le**g**t). Dann wird das Wort verlängert, indem man die Grundform (Nennform) bildet:
*er ü**b**t – ü**b**en, sie le**g**t – le**g**en.*

3 Wie werden die Verbformen richtig geschrieben?
Verlängere zuerst: *kleben → es klebt, …*

er blei b/p *t* — *sie qua* k/g *t*
du gi b/p *st* — *sie le* b/p *t*

4 Ergänze. Begründe die Schreibung mit der Grundform (Nennform).

Emil le__t das Buch auf den Tisch. (le__en)
Das Kind sa__t die Wahrheit. (…)
Der Vogel flie__t auf den Baum. (…)
Morgen wir__ schönes Wetter. (…)

Beim Verlängern hilft dir das Wort ALLE: alle singen, alle bleiben …

5 Im Silbenrätsel haben sich Verben versteckt.
Schreibe sie mit Silbenbögen auf: *baden, …*

⚀ zwei Verben ⚂ vier Verben ⚄ sechs Verben

ba	ge	schrei	kle	fin	zei
ben	den	gen	den	ben	ben

W

bewegen
fliegen
fragen
legen
sagen
zeigen

bleiben
geben
kleben
leben
schreiben
üben

baden
finden
reden

werden
es wird

Strategie „Wörter verlängern“; Verlängern von Verben mit b, d und g am Ende des Wortstammes

Merktafel
AH S. 26

Wörter mit ch

1 Lies die ersten sieben Wörter der Wörterleiste.
Sprich deutlich. Wie klingt **ch**?

2 Ordne zu.

ch wie in 	**ch** wie in 
...	...

3 Setze Verben aus der Wörterleiste in der richtigen Form ein.

Aron ◯ dringend eine neue Hose.
Oma ◯ ihre Brille. Was ◯ du morgen?
Ich ◯ über den Witz.
Die Kinder ◯ schwierige Aufgaben.

4 Wo findest du **reich, durch, doch** und **acht** im Wörterverzeichnis?
Schreibe so: *reich* *Seite: ... Spalte: ...*

5 Welche Wörter gehören zusammen?
Schreibe so: *achten: ... reich: ... leicht: ...*

der Leichtsinn – die Achtung – zahlreich – erleichtert – reichlich – achtsam – beachten – vielleicht – der Reichtum

W

das Buch
die Frucht
die Küche
der Kuchen
das Licht
die Tochter
die Woche

brauchen
lachen
machen
rechnen
suchen

leicht
reich
acht
durch
doch

ZUM ÜBEN

Aus dem Märchenbuch
Die sieben Zwerge / lachen am Ende / mit Schneewittchen.
Rotkäppchen besucht / die Großmutter im Wald.
Der Soldat sucht / das blaue Licht.
Aschenputtel schläft / in der Küche am Ofen.
Die schöne Müllerstochter / braucht Hilfe.

Märchentheater

1 Wählt ein Märchen aus.
Bastelt dafür ein Schuhkartontheater.
Denkt dabei an alle Mitspieler und die unterschiedlichen Hintergrundbilder.

2 Spielt das Märchen mit eurem Schuhkartontheater nach.
Vielleicht kann ein Mitschüler euer Spiel mitfilmen.

Aus vielen einzelnen Bildern kann ein Film entstehen. Dabei darf sich auf den einzelnen Bildern immer nur winzige Kleinigkeit verändern. Heftet die Bilder hintereinander, und beim schnellen Durchblättern entsteht ein Film. Das nennt man **Daumenkino**.

Diese Filmtechnik nennt man STOP – MOTION. Es gibt dafür Apps.

3 Sucht euch aus dem Märchen eine Stelle aus und gestaltet ein Daumenkino. Ihr könnt die einzelnen Bilder auch nacheinander mit einer Kamera aufnehmen und dann zusammen als Film abspielen.

Im Winter

Der Schnupfen

Ein Schnupfen hockt auf der Terrasse,
auf dass er sich ein Opfer fasse
und stürzt alsbald mit großem Grimm
auf einen Menschen namens Schrimm.
Paul Schrimm erwidert prompt: „Pitschü!“
und hat ihn drauf bis Montag früh.

Christian Morgenstern

Sprecht das Gedicht: mit zugehaltener Nase oder mit vielen Niesern.

Tragt das Gedicht so vor, als hättet ihr eine dicke Erkältung.

Weihnachtswünsche

1 Was wünschen sich die Kinder?
Was denkst du über diese Wünsche?

Ich wünsche mir zu Weihnachten für alle Kinder immer genug zu essen.
Und keiner soll frieren.
Alle sollen in Ruhe in einem Bett schlafen können.
Amira

Wunschzettel von Leon
- eine Ritterburg
- eine Autorennbahn
- ein Computerspiel
- ein neues Auto

Mein Weihnachtswunsch
Ich habe nur einen ganz großen Wunsch für Weihnachten.
Ich möchte, dass mich Hannes und Max in der Pause mitspielen lassen.
Paul

2 Setze die passende Form von **wünschen** ein.
Schreibe die Sätze auf.
drei Sätze   fünf Sätze   alle Sätze

Ich ____ dir ein frohes Fest.
Was ____ du dir zu Weihnachten?
Helene ____ sich ein neues Buch.
Wir ____ euch schöne Feiertage.
Was ____ ihr euch für das neue Jahr?
Die Kinder ____ sich viel Schnee in den Ferien.

wünsch**e**
wünsch**st**
wünsch**t**
wünsch**en**

3 Markiere, was bei dem Verb **wünschen** immer gleich bleibt.

4 Was wünschst du dir? Schreibe einen eigenen Wunschzettel.

5 Stellt euch gegenseitig eure Wünsche vor.

MERKE DIR

Verben (Tätigkeitswörter) haben
einen **Wortstamm** und eine **Endung**.
*spielen – Ich spiel**e** mit dir. Du spiel**st** mit mir.*

Wortstamm   Endung

Merktafel
AH S. 28

Rodeln und Schnee

1 Lies die Worttreppen. Was stellst du fest?

Ich möchte.
Ich möchte nichts.
Ich möchte nichts anderes.
Ich möchte nichts anderes als Schnee.

Alle rodeln gern schnell im Park.
Alle rodeln gern schnell.
Alle rodeln gern.
Alle rodeln.

2 Schreibe zwei eigene Worttreppen.

3 Welche zwei Aussagen gehören zusammen?
Probiert es aus. Lest abwechselnd.

Wir gehen heute rodeln.
Die Eisbahn ist nicht gefroren.
Die Post ist schon da.
Meine Nase ist rot.

Es ist noch zu warm.
Nachts hat es geschneit.
Draußen ist es kalt.
Helene hat sie rechtzeitig losgeschickt.

4 Schreibe zwei lustige Aussagenpaare auf.

MERKE DIR

Mit einem **Satz** wird etwas ausgesagt.
Am Ende von **Aussagesätzen** steht ein Punkt.
Das erste Wort im Satz (Satzanfang) schreibt man immer **groß**.
Im Winter ist es kalt. Der Schnee fällt vom Himmel.

Wer macht was im Winter?

1 Welche Aussagen sind hier durcheinandergeraten?
Ordne die Wörter zu Aussagen.

schläft	.	Igel	seinem	Der	in	Versteck
Kinder	Die	den	warten	Schnee	.	auf
Futter	suchen	Vögel	.	sich	Die	ihr

2 Schreibe jede Aussage aus Aufgabe 1 in eine eigene Zeile.
Markiere den Satzanfang und das Satzende.

3 Lies den Text. Mache nach jeder Aussage eine Pause.

im Winter ist es frostig und kalt es fällt Schnee vom Himmel keiner bleibt im Haus wir können einen Schneemann bauen im Park gibt es eine Rodelbahn die Kinder bekommen rote Nasen alle haben viel Spaß

4 Schreibe drei Aussagen aus dem Text ab.
Achte auf Satzanfang und Satzzeichen.

5 Bilde mit den gleichfarbigen Wörtern
⚀ einen Satz ⚁ zwei Sätze ⚂ drei Sätze.

fallen	auf die Erde	Schneeflocken	leise
glitzert	auf den Wegen	Schnee	
erleuchtet		Fenster	hell
	im Warmen	die Menschen	zusammen
	Überraschung		neugierig
		Stern	

Satzanfang und Satzende erfassen, Satz als Teil eines Textes; sinnvolle Sätze bilden, Großschreibung am Satzanfang

AH S. 29

Leckeres zur Weihnachtszeit

1 Schreibe die Wortgruppen auf Papierstreifen und sortiere sie in die richtige Reihenfolge.

2 Bilde mit den Wortgruppen Sätze.
Formuliere so: *Ich stelle die Zutaten bereit. …*

3 Ordne den Wortstreifen die passenden Satzanfänge zu. Schreibe danach das Rezept in Sätzen auf.
Schreibe so: *Zuerst stelle ich die Zutaten bereit. …*

zuerst
dann
danach
als Nächstes
nun
zuletzt

4 Erkläre, wie man Apfelmännchen bastelt.
Verwende unterschiedliche Satzanfänge.

Wörter mit kurzen oder langen Selbstlauten

1 Achte bei jedem Wortpaar auf den farbigen Selbstlaut. Klingt er kurz oder lang?

Name – Flasche
Birne – Igel
Blume – Busch
Erde – Ente
Post – Hof
Nase – Gans

> Selbstlaute können kurz . oder lang _ klingen.
> Man muss genau hinhören.

2 Schreibe die Wortpaare aus Aufgabe 1 mit Artikel auf. Markiere die kurzen (.) und langen (_) Selbstlaute. Schreibe so: *der Name – die Flasche, …*

3 Wie klingt der Selbstlaut?
Schreibe die Wörter auf und markiere den Selbstlaut mit . oder _.
Schreibe so: *der Cent, …*

4 Suche das passende Reimwort aus der Wörterleiste.

der Tisch	die Tasche	der Hut
der F…	*die Fl…*	*der M…*
das Glas	**der Hase**	**der Wurm**
das …	*die …*	*der …*

W

die Birne
die Blume
das Brot
der Busch
die Ente
die Erde
der Fisch
die Flasche
das Gras
der Hof
der Igel
der Mut
der Name
die Nase
die Post
der Turm

 Strategie „Länge des Selbstlauts hören“; kurze und lange Vokale hörend unterscheiden AH S. 30

Merkwörter M

M

Merkwörter sind Wörter, bei denen man sich die Schreibweise merken muss. Viele Merkwörter kommen ganz oft vor.

W
- alle
- alles
- diese
- dieser
- einzeln
- ja
- jede
- jeder
- jedes
- kein
- keine
- keiner
- man
- nein
- nicht
- nichts
- und

1 Ergänze mit Wörtern aus der Wörterleiste. Es gibt mehrere Möglichkeiten.

____ Jahr wünschen sich die Kinder Schnee. ____ will Regen oder Matsch. ____ wollen Schlitten fahren. Hoffentlich wird ____ Winter kalt und frostig.

2 Finde in der Wörterleiste ähnliche Wörter. Schreibe sie so auf: *alle – alles, ...*

- ⚀ Markiere das, was immer gleich bleibt.
- ⚁ Bilde zu einem Wortpaar Sätze.
- ⚂ Bilde zu zwei Wortpaaren Sätze.

3 Welche fünf Übungswörter sind noch übrig? Suche diese im Wörterverzeichnis und schreibe so: *ja – Seite: ... Spalte: ...*

A–Z

4 Ergänze in jedem Satz **keiner** oder **alle**.

____ freuen sich über Schnee. Leider hat heute ____ einen Schlitten dabei. Schneeballschlacht machen ____ gern. ____ bleibt zu Hause.

ZUM ÜBEN

An der frischen Luft
Dieser Winter ist kalt. / Alles ist weiß. / Jeder einzelne Baum ist / mit Schnee bedeckt. / Man kann mit dem Schlitten fahren. / Es wird nicht langweilig.

Digitale Geräte kennenlernen

Es gibt unterschiedliche digitale Geräte, mit denen man schreiben, spielen, lernen oder sich informieren kann.
Sie sehen unterschiedlich aus, werden aber meist ähnlich benutzt.

Auf allen Geräten kann man etwas eingeben.
Tastaturen sehen ähnlich aus.

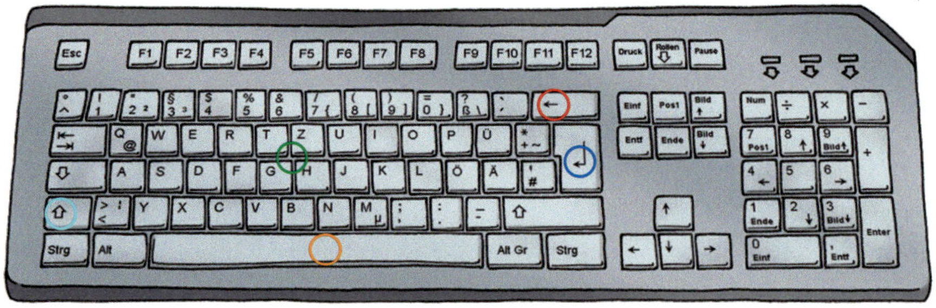

○ **Zeichentasten**
Damit schreibst du.

○ **Löschtaste**
Damit kannst du Buchstaben „ausradieren“.

○ **Umschalttasten**
Damit kannst du zwischen großen und kleinen Buchstaben umschalten oder Zeichen wie **!**, **?** und **:** schreiben.

○ **Leertaste**
Damit bekommst du einen Abstand zwischen zwei Wörter.

○ **Eingabetaste (Entertaste)**
Damit kannst du eine neue Zeile beginnen.

Mit digitalen Geräten schreiben

So kannst du vorgehen:

1. Schalte zuerst das Gerät am Startknopf ein.
2. Öffne das Schreibprogramm mit einem Doppelklick.
3. Wähle ein leeres Dokument und klicke es an.
4. Wähle eine Schriftart und eine Schriftgröße aus.
5. Schreibe nun deinen Text.
6. Denke an das Abspeichern nach dem Schreiben.
7. Zum Schluss kannst du den Text ausdrucken.

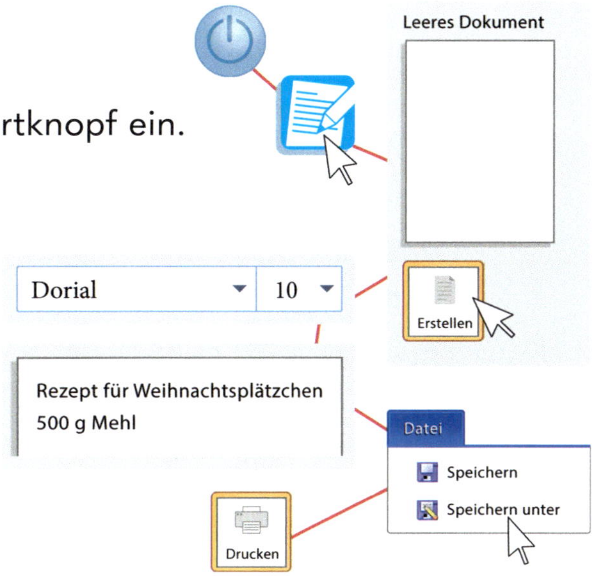

So kannst du deinen Text bearbeiten:

Markiere dazu ein Wort oder eine ganze Zeile.
Was markiert ist, wird auf dem Bildschirm farbig hervorgehoben.
In der oberen Leiste findest du Symbole, mit denen du die markierte Schrift verändern kannst.

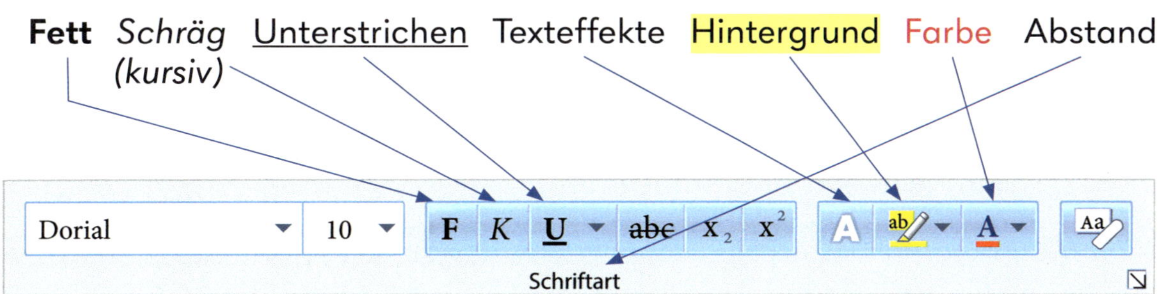

Schnee *Schnee* <u>Schnee</u> Schnee Schnee Schnee S c h n e e

Mit der Pfeiltaste ↶ kannst du die letzte Veränderung rückgängig machen.

Gemeinsam schreiben

1 Schreibe den Text mit einem Schreibprogramm ab.

2 Gestalte den Text. Verändere dazu die Schriftart und die Farbe. Füge Texteffekte ein.

3 Schreibe einen eigenen Wintertext mit dem Schreibprogramm und gestalte ihn.

4 Schreibe mit einem Partnerkind einen gemeinsamen Text. Wechselt euch ab, denn jeder darf immer nur einen Satz schreiben.
Jeder schreibt in einer anderen Farbe.
Lest euch euren gemeinsamen Text laut vor.

Henry hat Hunger.
Er mag Eierkuchen.
Eierkuchen heißen auch Pfannkuchen.
Eine Pfanne ...

5 Schreibe vier kurze Wörter untereinander und schreibe den ersten Buchstaben fett.
Ein Partnerkind schreibt jetzt zu jedem Wort ein Reimwort auch mit fettem Anfangsbuchstaben dazu.

Maus – **H**aus
Tisch – **F**isch
laufen – **k**aufen
frech – **Bl**ech

6 **Wortketten**
Wie geht dieses Spiel? Bekommt es heraus und setzt die Reihe fort.
Maus, Sonne, Esel, Laub, B...

Das tut mir gut

Wie schätzen die Kinder die Situation ein?

Welcher Meinung schließt du dich an? Begründe. Welche Ansicht lehnst du ab? Warum?

Gibt es bei euch in der Klasse manchmal Streit? Wie löst ihr die Probleme?

Streit in der Klasse

1 Lies den Text. Was ist passiert?

Auf dem Spielplatz schaukelt Hannah.
Jonas kommt dazu und brüllt: „Los, runter von der Schaukel!“
Hannah reagiert nicht und schaukelt einfach weiter.
Jetzt hält Jonas die Schaukel einfach an.
Hannah gibt daraufhin nach und ist traurig.
Jonas schaukelt und ruft: „Du hast lange genug geschaukelt!“

2 Versetze dich in die Lage der beiden Kinder.
Schreibe deine Gedanken auf und trage diese vor.

Was denkt und fühlt Hannah?

Jonas ist … zu mir.
Das finde ich … .
Ich bin sehr … .
…

Was denkt und fühlt Jonas?

Sie hat …
Ich habe … .
Das fühlt sich … an.
…

3 Überlegt in der Gruppe, wie man diesen Streit lösen kann. Notiert eure Ideen. Begründet eure Vorschläge.

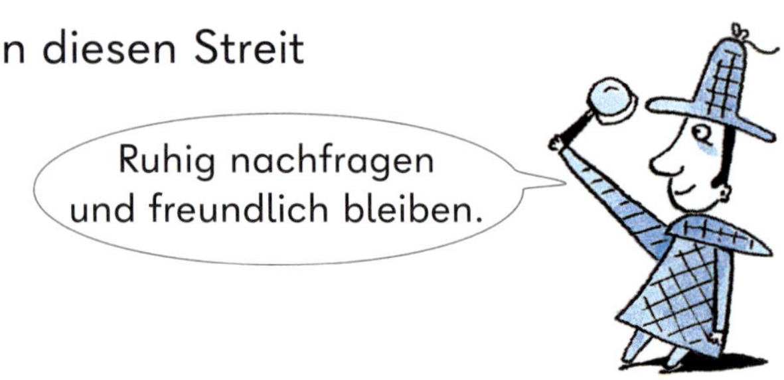

4 Spielt eure Lösungen vor und tauscht dabei auch die Rollen.

Reflexionsgespräch; Diskussion; Standpunkte anderer benennen; Rollenspiel

Sich entschuldigen und wieder vertragen

1 Ayaz hat notiert, wie man sich wieder vertragen kann. Lies und erkläre das Vorgehen.

Wie man sich vertragen kann
1. Jeder hört gut zu. Jeder darf ausreden.
2. Ich wiederhole, was der andere gesagt hat.
3. Ich entschuldige mich, wenn ich etwas falsch gemacht habe.
4. Ich suche Vorschläge für eine faire Lösung.
5. Wir einigen uns.

2 Wählt einen Streit in der Klasse aus und übt nach diesen Schritten.

3 In welchen Situationen muss man sich entschuldigen? Schreibe selbst eine Entschuldigung.

Liebe Hannah,
ich war gemein zu dir. Das tut mir leid.
Ich möchte mich dafür entschuldigen.
In Zukunft wechseln wir uns
beim Schaukeln gerecht ab.
Viele Grüße
Jonas
PS: Ich habe ein schönes Bild
für dich gemalt.

Gesundheitsquiz

1 Lies die Fragen.

2 Stellt euch gegenseitig solche Fragen.

3 Die Kinder spielen ein Gesundheitsquiz.
Bildet zu jeder Frage einen passenden Fragesatz.
Verwendet Fragewörter.

Auf den gesunden Speiseplan gehört viel Gemüse.

An der frischen Luft sollte man sich regelmäßig bewegen.

Am Nachmittag ist Zeit für Erholung wichtig.

Was gehört ...?

Wo ...?

Wann ...?

4 Schreibe den Fragesatz und die passende Antwort auf.
Achte auf die Satzanfänge und die Fragezeichen.

5 Findet ihr noch andere Fragewörter?
Tipp: Ein Wörterbuch kann helfen.

MERKE DIR

Mit **Fragesätzen** wird etwas gefragt.
Am Ende von Fragesätzen steht ein Fragezeichen. **?**
W*ie spät ist es?* ***K****ommst du bitte etwas früher?*

Fragesatz; Satzschlusszeichen Fragezeichen kennenlernen; Fragepronomen; Großschreibung Satzanfang

Merktafel
AH S. 33/34

Fahrrad fahren macht Spaß

1 Welche Aufforderung gehört zu welchem Bild?

Trage einen Helm!

Zeige die Richtung an!

Halte an der roten Ampel an!

Achte auf genug Licht!

2 Schreibe die Sätze ab.
Markiere das Ausrufezeichen am Satzende.

3 Bilde selbst dringliche Aufforderungssätze.
Sei …! Fahre …! Gib …! Nimm …! Sieh …! Pass …!

4 Zu welchem Satz passt der Ausruf?
Schreibe richtig auf und markiere das Ausrufezeichen.

Feuer! Gute Besserung! Hallo! Tempo! Hurra! Hilfe!

Das Haus brennt.
Ich habe gewonnen.
Er läuft ganz schön langsam.

Schön, dich zu sehen.
Tante Inge ist krank.
Da ist jemand gestürzt.

MERKE DIR

Mit einem **Aufforderungssatz** fordert man zu etwas auf.
Bei einer dringlichen Aufforderung steht am Ende
ein Ausrufezeichen. **!**
Komm bitte pünktlich!
Ein Ausrufezeichen steht auch nach **Ausrufen**: *Hilfe!*

Zusammen einkaufen

1 Schreibe die Sätze ab und setze das richtige Satzschlusszeichen.

2 Schreibe die Sätze vollständig auf.
Achte auf die Großschreibung am Satzanfang.

diese Puppe finde ich schön können wir sie kaufen haben wir genug Geld dabei dort drüben gibt es Eis hast du Papa gesehen die Äpfel sind schon ausverkauft schade

3 Schreibt einem Freund oder einer Freundin eine Nachricht.
Verwendet darin Aussagesätze, Fragesätze und Aufforderungen.
Schreibt ⚀ drei Sätze ⚁ fünf Sätze ⚂ sieben Sätze.

ich würde sehr gern | das wäre toll

bringe bitte mit | kannst du vielleicht

4 Sprich den Satz so, dass man genau hört, ob es eine Aussage, eine Frage oder eine Aufforderung ist. Finde weitere Beispiele.

Wortarten bestimmen mit dem WORTOMATEN

Mit dem Wortomaten kann man herausfinden,
ob ein Wort ein Substantiv/Nomen, ein Verb oder ein Adjektiv ist.
Dann weiß man auch, ob man es großschreiben muss.

So funktioniert es:

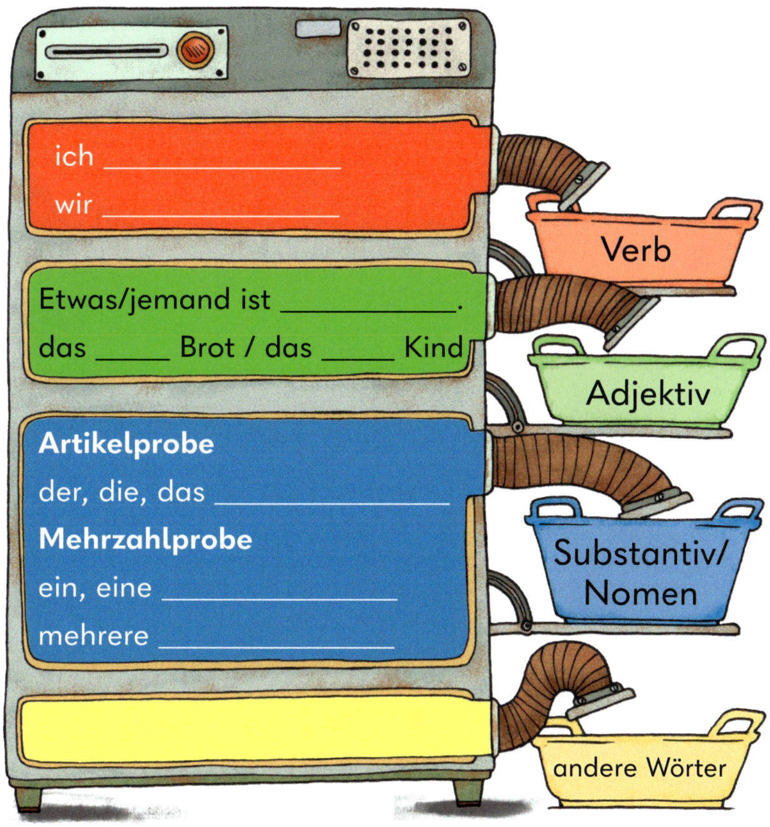

1 Untersucht diese Wörter mit dem Wortomaten.

RING LACHEN BRIEF LUSTIG SPIELEN UND TEE

LESEN STARK GESICHT BEKOMMEN DANACH FAHRRAD

2 Schreibe sie so auf:

Verb: …
Adjektiv: …
Substantiv/Nomen: …
andere Wörter: …

Strategie „Wörter großschreiben“; Regeln zur Groß- und Kleinschreibung der Wortarten Substantiv/Nomen, Verb und Adjektiv kennen

Merktafel

Wörter mit ng und nk

1 Finde das Gegenteil und schreibe es auf.

kurz – ... hell – ...
gesund – ... weit – ...

2 **ng** oder **nk**? Mache die Verlängerungsprobe mit der Grundform. Schreibe so:
An der Wand hängt ein Bild. Grundform: hängen

Maja tri t nicht gern Milch.
Jonas fä t den Ball.
Sina si t gern Lieder.
Paul de t an seine Freundin.
Papa bri t Laura zum Sport.

3 Ordne die Wörter nach dem Abc.

Onkel Finger danken denken
Bank Junge bringen Ring

4 Was kann **dunkel** sein? Was kann **krank** sein?

Zimmer Kind Nacht Schülerin Hamster Hose

- Schreibe so auf: *ein dunkles Zimmer, ...*
- Bilde Aussagesätze: *Das Zimmer ist dunkel.*
- Denke dir Sätze aus: *Ich habe Angst im dunklen Zimmer.*

W

der Finger
der Junge
der Ring
der Onkel
die Bank

bringen
er bringt
fangen
sie fängt
singen
er singt

denken
sie denkt
danken
er dankt
trinken
sie trinkt

eng
lang
krank
dunkel

ZUM ÜBEN

Auf dem Schulhof
Die Mädchen holen / ein langes Seil / und springen damit. / Die Jungen bringen / einen Ball mit. Jonas geht / langsam zum Tor. Fängt Lukas / den Ball? Was denkst du?

Wörter mit ie

1 Sprich die Wörter zu den Bildern deutlich.
Wie klingt der i-Laut, lang _ oder kurz . ?

2 Schreibe die Wörter so auf: *die Zwiebel, …*

3 Setze die Wörter mit **ie** richtig ein.

Wir treffen uns um ( ) und gehen ( ).
Der kleine Max ist schon ( ) hingefallen.
Ich war noch ( ) an der Ostsee.
Laura schreibt einen langen ( ).
( ) kann man etwas kaufen.
Ein Krokus steht auf der ( ).

4 Ordne die Wörter nach dem Abc. Markiere **ie**.

Wiese Tier Papier Spaziergang Brief Zwiebel Biene

5 Welche Wörter haben sich im Silbenrätsel versteckt?
Schreibe sie auf und markiere **ie**.

Zwie	sie	spie	Pa	nie
pier	mals	ben	bel	len

6 Sortiere die Wörter in eine Tabelle. Welches Wort passt nicht?

lieben	*liegen*

die Liebe, herumliegen, die Fliege, verliebt, die Liege, lieb, gelegen, er liegt, sie liebte

W

die Wiese
das Tier
die Biene
der Brief
die Zwiebel
der Spaziergang

spazieren
spielen
liegen
er liegt

lieben
sie liebt
lieb

hier
wieder
sieben
nie

Suchmaschinen

1 Überprüfe, welche Adressen Suchmaschinen für Kinder sind.

www.kindernetz.de	schlauerfuchs.example.com
www.fragfinn.de	www.helles-koepfchen.de
schlag-nach.beispiel.de	www.blinde-kuh.de
www.klexikon.zum.de	

2 Welche Suchmaschine hast du schon einmal benutzt? Erzähle.

3 Was hat BACKPULVER mit einem VULKAN zu tun? Sucht in einer Suchmaschine und tauscht euch aus.

4 Starte einen Suchwettbewerb mit einem Partnerkind. Wer findet die Antwort am schnellsten?

- Was ist ein Schnabeltier?
- Wie heißt der kleinste Ort in Deutschland? Wie viele Einwohner hat er?
- Wo ist in Deutschland der Sternsee? Gibt es auch einen Mond- und Sonnensee?
- Was ist die Kleine Wasserschlange? Wo findet man sie?
- Wer hat den Radiergummi erfunden?

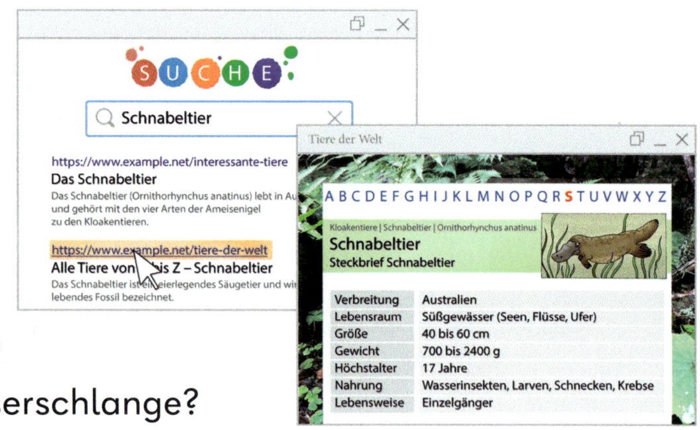

5 Denkt euch selbst Fragen aus und startet einen Wettbewerb mit einem Partnerkind.

Digitale Informationsrecherche; Suchmaschinen kennenlernen; Informationen auswählen und prüfen

Im Frühling

Beschreibe die Arbeitsschritte bei der Aussaat von Radieschen. Welchen Arbeitsschritt darf man zum Schluss nicht vergessen?

Welche Frühlingsaktion im Garten könntet ihr gemeinsam starten?

Sachverhalte beschreiben; Informationen in zusammenhängenden Sätzen weitergeben; Arbeitsvorhaben in der Gruppe besprechen

Der kleine Käfer entdeckt den Frühling

Der kleine Käfer gähnte und blinzelte mit den Augen. Ein Sonnenstrahl hatte ihn aus seinem tiefen Winterschlaf wachgekitzelt. Etwas war anders als sonst. Er reckte und streckte die kleinen Käferbeinchen und krabbelte vorsichtig aus seiner Mooshöhle. Mit seinen Fühlern spürte er die angenehm warme Luft.

Wie hatte sich die Welt verändert, seit er sich im Herbst verkrochen hatte. Überall entdeckte er bunte Farbtupfen. Schneeglöckchen, Krokusse und Blausterne öffneten ihre Blüten. An den Bäumen zeigten sich erste zarte grüne Blätter. Der kleine Käfer hörte das Summen der Bienen und lautes Vogelgezwitscher. Ganz tief atmete er den süßen Duft der Blüten ein.

„Schön", dachte der kleine Käfer und reihte sich glücklich in das Schwirren, Brummen und Summen ein.

1 Wie merkt der Käfer, dass der Frühling da ist? Finde die Stellen im Text.

2 Warum freut sich der Käfer so sehr über den Frühling? Begründe.

3 Wie hast du in diesem Jahr den Frühling entdeckt? Schreibe einige Wörter auf und erzähle.

Textaussagen und Fragestellungen mit Textstellen belegen; eigene Gedanken und Erlebnisse situationsangemessen erzählen

Ein Baum erzählt

hoch
breit
dick
lang
weiß
rosa
tief
weich

1 Lies den Text.
Setze passende Adjektive ein.

Häufig stehe ich in Parks.
Ich werde bis zu 25 m ... und habe eine ... Krone.
Meine ... Äste tragen im Mai Blätter mit ... Stielen und Blütenkerzen. Die Blüten sind ... oder ... .
Meine Wurzeln dringen ... in die Erde ein.
Aus meinem ... Holz wurden früher Holzschuhe geschnitzt und Klaviergehäuse gebaut.

2 Wie heißt der Baum?
Schreibe den Namen als Überschrift in dein Heft.

3 Schreibe den Text ab.
⚀ die ersten drei Sätze ⚁ alle Sätze

4 Schreibe selbst eine Frühlingsgeschichte.
Wähle einen Anfang aus oder denke dir selbst einen aus.
Verwende verschiedene Satzanfänge.

Auf einmal Anschließend

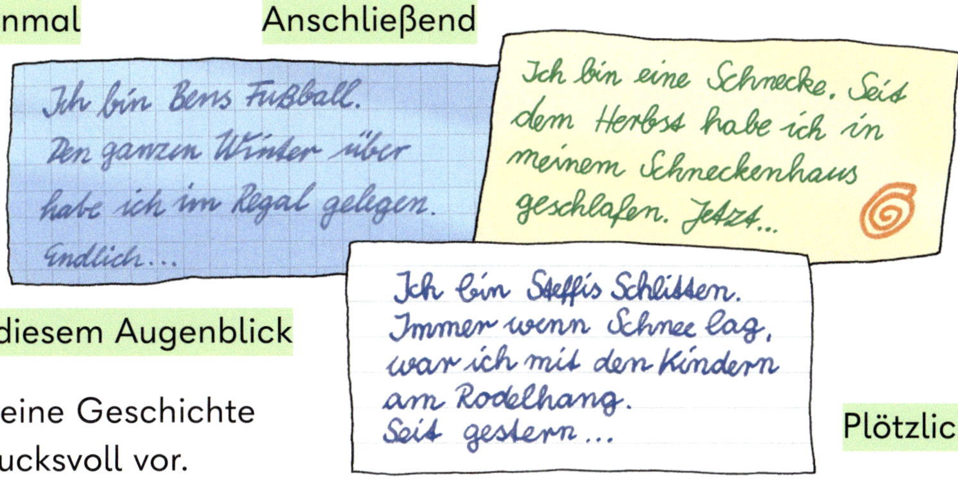

In diesem Augenblick Plötzlich

5 Lies deine Geschichte ausdrucksvoll vor.

passende Adjektive in einen Text einsetzen; eine Geschichte aus einer anderen Perspektive schreiben; Textideen entwickeln, Geschichten weitererzählen

AH S. 45

Teile einer Geschichte kennenlernen

Viele Texte haben diese Teile.

Katzenkinder

Überschrift
Passt die Überschrift zur Geschichte?

Meine Katze Tinka hatte Junge bekommen.
Gestern stand der Korb mit den vier jungen Kätzchen zum ersten Mal in unserem Garten.

Einleitung
Wie beginnt die Geschichte?
Wer kommt darin vor?
Wo spielt die Geschichte?
Wann spielt die Geschichte?

Alle vier wollten aus dem Körbchen klettern.
Ein Kätzchen schaffte es auch und lief zum Gartenzaun.
Sofort sprang der Hund von unserem Nachbarn an den Zaun.
Er bellte laut.
Wollte er das Junge fassen?
Ich konnte vor Schreck nichts sagen.
Da kam die Katzenmutter heran und brachte den Ausreißer zurück ins Körbchen.

Hauptteil
Was passiert nacheinander?

Ich atmete erleichtert auf.

Schluss
Wie hört die Geschichte auf?

Teile einer Geschichte kennen und benennen: Überschrift, Einleitung, Hauptteil, Schluss; die W-Fragen kennen

Teile einer Geschichte schreiben

1 Schreibe die fehlenden Textteile auf.

Überschrift:
Überlege dir eine passende Überschrift für den Hauptteil.

Einleitung:
Schreibe eine Einleitung zum Hauptteil:
Wer?
Wo?
Wann?

Hauptteil:
Antonia legt das Buch zur Seite und läuft zu ihrem Papa.
Er zeigt aus dem Fenster in den Park. Plötzlich sieht Antonia das kleine Rehkitz.
Es steckt mit dem Kopf in einem Zaun und kann sich nicht befreien.
Antonia möchte ihm helfen.
Papa hat schon die Schuhe angezogen und die Jacke in der Hand. Schnell laufen sie nach unten und gehen ruhig auf das kleine Reh zu.
Es fiept kläglich. Die anderen Rehe haben sich zwischen den Bäumen versteckt und blicken gespannt zu Antonia und ihrem Papa. Langsam legt Papa seine Jacke über den Kopf des Rehs.
Auf einmal ist es ganz still.
Vorsichtig befreit er das ängstliche Tier aus dem Zaun.

Schluss:
Überlege dir, wie die Geschichte endet.

Die Vögel kehren zurück

1 Lies den Text.

Frühlingszeit

Nach dem kalten Winter kommen die Zugvögel aus dem Süden zurück. Sie beginnen mit dem Nestbau. Bald werden die Vogelweibchen brüten. Im Obstbaum zwitschert es. Im Gartenteich quaken die Frösche, und die Raupen und Käfer krabbeln im Gras. Hat dort im Beerenstrauch ein Hase bunte Eier versteckt? Die Kinder freuen sich auf Ostern.

2 Im Text findest du Substantive/Nomen, die aus zwei Wörtern zusammengesetzt sind. Schreibe sie auf.

3 Bilde zusammengesetzte Substantive/Nomen mit Baum: *der Apfelbaum, …*

Apfel

Nadel

Laub

Baum

Stamm

Rinde

Haus

4 Erkläre die zusammengesetzten Substantive/Nomen aus Aufgabe 3.
Ein Apfelbaum trägt Äpfel. Ein Nadelbaum hat …

MERKE DIR

Mit **zusammengesetzten Substantiven/Nomen** kann man etwas genauer bezeichnen. Vergleiche:
*Die Kinder ziehen ihre **Schuhe** an.*
*Die Kinder ziehen ihre **Sportschuhe** an.*

Im Garten arbeiten

1 Schreibe aus den Sätzen alle Wörter mit dem Wortstamm **früh**. Markiere ihn.

Der Frühling ist eine Jahreszeit, die früh im Jahr liegt.
Manche Leute sagen zum Frühling auch Frühjahr.
Erste Frühlingsboten sind Krokusse
und Schneeglöckchen. Sie heißen Frühblüher.

2 Finde weitere Wörter mit dem Wortstamm **früh**.

3 Die Kinder wollen einen Text über den Schulgarten schreiben. Sie sammeln Wörter. Was fällt dir auf?

einpflanzen – pflanzen – Pflanzschale
sie pflanzt – pflanzen – Pflänzchen
pflanzen – Pflanzabstand

4 Schreibe den Text ab. Setze die fehlenden Wörter aus der Wortfamilie **pflanzen** ein.

Die Klasse 2a hat aus einer Kastanie in einer … einen kleinen Baum gezogen. Heute wollen sie ihn … . Vorsichtig tragen sie das kleine … in den Garten. Zuerst gräbt Emil ein Loch. Alina … das Bäumchen neben den Sandkasten.

MERKE DIR

Wörter mit **gleichem Wortstamm** gehören zu einer **Wortfamilie**.

Wortfamilie **früh**	Wortfamilie **arbeiten**
früh|er	ich |arbeit|e
der |Früh|ling	die |Arbeit|
das |Früh|jahr	der |Arbeit|er
die |Früh|blüher	ge|arbeit|et
Wortstamm	Wortstamm

Wörter mit h M

W

die Kuh
der Schuh
die Zehe/
der Zeh

blühen
es blüht
gehen
er geht
sehen
sie sieht
stehen
sie steht

1 Welche Schuhe könnten das sein?
Schreibe die Sätze vollständig ab.

Schuhe für den Winter heißen ...schuhe.
Für den Sportunterricht brauchen wir ...schuhe.
Im Sommer tragen wir ...schuhe.

2 Bilde zu diesen Wörtern die Mehrzahlform.
Markiere das **h** und zeichne die Silbenbögen:

der Floh – die Flöhe, ...

Schuh Zeh

Kuh Reh

3 Bilde zu den Grundformen (Nennformen) **sehen, gehen, stehen** und **blühen** die richtigen gebeugten Formen (Personalformen). Schreibe so:

sehen	*gehen*	*stehen*	*blühen*
ich sehe	*er ...*	*ich ...*	*es ...*
er ...	*wir ...*	*er ...*	*sie ...*

4 Setze **blühen** oder **Blüten** passend ein.

Zu Ostern ◯ wieder viele ◯ in Gärten und in Parks.
Die weißen ◯ der Apfelbäume leuchten hell.
Tulpen, Krokusse und Primeln ◯ in vielen bunten Farben.

ZUM ÜBEN

Auf der Wiese spielen
Wir gehen / über die Wiese. Dort steht eine Kuh / mit einem Kälbchen. Viele Raupen sitzen / auf den bunten Blüten. Wir rennen / um die Wette. Danach hat Tim / nur noch einen Schuh. Nachts quaken / die Frösche.

Wörter mit kurzen Selbstlauten

1 Lies die Wörter der Wörterleiste.
Wie klingt der erste Selbstlaut?
Wie viele Mitlaute folgen auf den kurzen Selbstlaut?

2 Setze passende Verben aus der Wörterleiste ein.
Markiere den kurzen Selbstlaut.

Alina ( ) den Ball. Mama ( ) auf den Bus.
Karim ( ) der Oma.
Emil ( ) sich oft im Unterricht.
Die Kinder ( ) heute in der Halle.
Kolya ( ) Trompete spielen.
Oma ( ) bald hundert Jahre alt.

3 Bilde die Mehrzahlformen. Markiere die beiden Mitlaute nach dem Selbstlaut.
die Farbe – die F..., das Wort – ..., der Hals – ...,
das Heft – ..., der Kopf – ..., die Lampe – ...

4 Untersuche diese Wörter mit dem Wortomaten.
Schreibe sie mit ihrer Wortart auf.
WOLKE PARKEN MONSTER MORGENS

5 Welche Wörter gehören zur Wortfamilie **Schrift**?
Schreibe sie auf.
die Schrift, der Füller, schreiben, die Druckschrift, sie schrieb, schieben, das Schreibheft, geschrieben, die Schreibschrift

W

die Farbe
der Hals
das Heft
der Kopf
die Lampe
die Schrift
das Wort
die Wolke

helfen
lernen
melden
turnen
werfen
warten
wird

hundert
bald

MERKE DIR

Nach **kurzem Selbstlaut** in der ersten Silbe stehen mehrere Mitlaute.
verschiedene Mitlaute: *die Lampe, helfen*
doppelte Mitlaute: *der Himmel, das Wasser*

Wörter mit doppelten Mitlauten

W

der Himmel
der Sommer
das Zimmer
die Sonne
die Puppe
der Herr
die Klasse
das Wasser
die Butter
die Mutter
das Wetter

alle
hell
schnell
nett
satt

1 Finde die Reimwörter in der Wörterleiste.
Schreibe die Paare so auf: *die Butter – …*

die Butter	die Tasse	fett
die M…	*die Kl…*	*n…*
die Tonne	**glatt**	**hell**
die S…	*s…*	*schn…*

2 Schreibe die Bildwörter richtig auf.
Überlege, ob das Wort einen kurzen Selbstlaut und einen doppelten Mitlaut hat.

3 Welche Wörter haben sich im Silbenkasten versteckt? Schreibe sie auf.

Wet	Zim	Pup	Som	Was
mer	ser	ter	pe	mer

4 In jeder Zeile hat sich ein schwarzes Schaf versteckt.
Schreibe nur die Wörter mit doppeltem Mitlaut auf.

die Bu__er, das Be__, das We__er, mu__ig — tt
der He__, hö__en, das Geschi__, die Gita__e — rr
der Hi__el, der Ka__, schwi__en, das Ka__el — mm
Frau Ho__e, ro__en, ho__en, wo__en, a__e — ll

5 Bei welchen Stichwörtern im Wörterverzeichnis musst du nachschauen?
Schreibe so: *du fällst – fallen, ...*

du fällst ihr sollt ich kann sie will
er isst er rennt du musst ihr kommt

6 Welches Verb gehört zu dem Substantiv/Nomen aus der Wortfamilie? Schreibe so: *die Stelle – stellen, ...*

die Stelle das Essen der Füller der Roller die Bitte

7 Setze **wenn, denn, wann, dann** ein und schreibe auf.

Heute ist ein schöner Tag, ... es regnet nicht.
Zuerst räume ich auf, ... kann ich spielen.
... wollen wir uns morgen treffen?
Wir freuen uns, ... die Sonne scheint.

8 Was könnt ihr **zusammen** tun?
lernen, lesen, malen, spielen, Sport machen, Roller fahren, essen

- Schreibe drei Sätze. *Wir lernen zusammen ...*
- Schreibe drei eigene Sätze. *Wir ... zusammen.*
- Schreibe drei Fragen auf, was ihr zusammen tun könnt: *Wollen wir zusammen ...?*

W

fallen
es fällt
füllen
rollen
sollen
stellen
wollen
du willst
kommen
können
sie kann
rennen
essen
er isst
müssen
sie muss
bitten

wenn
denn
wann
dann

zusammen

ZUM ÜBEN

Im Frühling
Endlich scheint die Sonne wieder. Das Wetter ist schön. Lotte und Felix können / mit ihren Rollern / zum Bach fahren. Sie wollen zusammen / am Wasser spielen. Wann kommen denn / die kleinen Enten heraus? Sie müssen ganz leise sein.

Werbung und Information

1 Welche Informationen erhältst du aus den Plakaten?

2 Wo wird was verwendet? Ordne zu.

bunte Schrift

längere Sätze

sehr kurze Sätze

Übertreibungen

wenig Bilder

gleiche Schriftfarbe

Informationen über die W-Fragen

sehr große Bilder

Information	Werbung

3 Warum sind die Texte unterschiedlich gestaltet?
Überlegt, wodurch sie sich unterscheiden.

4 Information oder Werbung – entscheidet selbst und schreibt einen eigenen Text.

5 Lest euch gegenseitig eure Texte vor und bestimmt die Textart.

Vergleich von Medienbeiträgen; themengleiche Beiträge aus verschiedenen Medien; Unterscheidung von Werbung und Information

Von Tieren und Menschen

Welche Tiere haben die Kinder?

Lasst ein Kind von seinem Haustier berichten.
Stellt Fragen zur Tierhaltung.

über Dinge aus der Lebenswelt erzählen; zusammenhängend einfache Erklärungen geben; Informationen erfragen und weitergeben

AH S. 50

Ein Tier kennenlernen

1 Das möchten die Kinder über Haustiere wissen.
Ordne die Wörter auf den Kärtchen den Fragen zu.

Wie sieht es aus?

Wie groß ist das Tier?

Wie heißt das Tier?

Was frisst das Tier?

Name

Aussehen

Größe

Futter

2 Lies den Text über den Goldhamster.
Schreibe die Informationen so auf:

Name: Goldhamster
Aussehen: dichtes …
Größe: …
Futter: …

Der Goldhamster
Der Goldhamster wird bis zu 25 cm groß.
Er hat ein dichtes, weiches Fell.
Es ist braun bis grau.
Hamster leben in Höhlen.
Sie fressen meistens Pflanzen, am liebsten Samen.
Hamster schlafen am Tag und sind in der Nacht wach.

3 Finde die Antworten zu den Fragen im Text:

⚀ Wo leben Hamster?

⚁ Wo leben Hamster? Was fressen Hamster?

⚂ Wo leben Hamster? Was fressen Hamster? Wann schlafen Hamster?

Fragen stellen und Antworten geben; Kategorien zu Fragen bilden; Informationen geordnet darstellen

AH S. 51

Etwas über Wellensittiche erfahren

1 Andreas macht sich für seinen Vortrag über den Wellensittich Notizen. Wie geht er dabei vor?

Der Wellensittich ist eine kleine Papageienart aus Australien. Er lebt dort in trockenen Graslandschaften. Wild lebende Wellensittiche sind grün mit einem gelben Kopf. An den Wangen haben sie dunkle Flecken. Der Wellensittich wird ca. 18 cm groß. Er frisst Körner und Samen, knabbert aber auch gerne an Obst und Gemüse. Als Haustier lebt der Wellensittich in einem Käfig. Manche Tiere können lernen, Wörter oder Sätze nachzusprechen.

Name: Wellensittich

Lebensraum: Australien, ...

Aussehen:

Größe:

Besonderheiten:

Futter:

2 Warum unterstreicht Andreas die Wörter **der, ist, eine, in** nicht?

3 Welche Wörter unterstreicht er für Futter: ?

4 Schreibe die Notizen über den Wellensittich wie Andreas auf Zettel.

5 Bildet Sätze zu den Notizzetteln.

Mein Tier ist der Wellensittich.
Der Name des Tiers ist ...
Das Tier heißt ...

Mein Tier ist ...
Es lebt in ...

6 Suche dir ein Tier aus, über das du mehr erfahren möchtest. Sammle Informationen über das Tier. Schreibe sie auf.

Katze und Hund

1 Was tut die Katze? Ordnet den Bildern diese Wörter zu:
hinlaufen nachlaufen weglaufen

2 Findet weitere Wörter mit **laufen**.

3 Setze die Verben aus Aufgabe 1 in der richtigen Form ein.
Was stellst du fest?

Antons Hund Tobi *läuft* manchmal ___.
Dann müssen alle suchen.
Die kleine Maja ___ den anderen ___.
Endlich ist der Hund gefunden.
Er ___ freudig zu Anton ___.

4 Schreibe die unterstrichenen Verben in der Grundform auf: *vorbereiten, …*

Mia bereitet ihren Vortrag über das Kaninchen vor.
Sie hängt das Plakat an der Tafel auf.
Dann stellt sie sich ganz vorn hin.
Alle hören gespannt zu. Zum Abschluss teilt sie Kaninchenaufkleber aus.

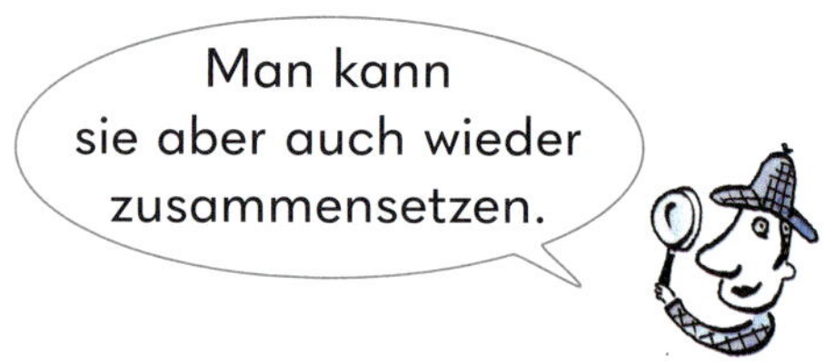

MERKE DIR

aus, ein, an, um, ab, hin, nach, weg sind **Wortbausteine**.
Mit ihnen kann man neue Wörter bauen:
*laufen – **aus**laufen, schauen – **an**schauen.*

Neue Wörter bauen

1 Bilde mit den Bausteinen jeweils zwei neue Verben.

auf unter — **tauchen**

hin weg — **fliegen**

aus an — **gehen**

Formuliere danach zu den Bildern Sätze:

Der Delfin taucht … . Der Delfin …

2 Bilde mit den Wortbausteinen neue, sinnvolle Wörter.
Verwende sie in Sätzen.

schneiden aus her ab um auf bei

3 Mit welchem Verb kann man die meisten neuen Wörter bilden?
Probiere aus.

kennen **geben** **warten** ab an aus durch nach weg

- ⚀ Schreibe die neuen Formen zu diesem Verb auf.
- ⚂ Bilde mit drei neuen Verben eigene Sätze.
- ⚄ Bilde mit fünf neuen Verben eigene Sätze.

4 Bilde mit den Verben passende Sätze zu den Bildern.
Erkläre den Unterschied.

abstellen

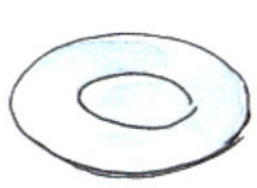

einlaufen

abnehmen

mit Wortbausteinen neue Verben bilden; veränderte Wortbedeutung erkennen;
Hauptsätze mit Verbklammer bilden

Wörter mit tz

1 Lies die Wörter der Wörterleiste.
Wie klingen die Selbstlaute vor **tz**?

2 Schreibe die Wörter ab.
Markiere den kurzen Selbstlaut mit einem Punkt und unterstreiche **tz**.

W

die Katze
der Platz
der Satz
die Tatze

kratzen
putzen
sitzen

jetzt

3 Ergänze die Reimwörter.
Markiere die kurzen Selbstlaute.

der Schatz	die Schätzchen	die Katzen
der Pl...	die Pl...	die Ta...
der Sa...	die Kä...	die Spa...

4 Setze die Verben in der richtigen Personalform ein.
Markiere **tz**.

kratzen sitzen putzen

Meine Katze ( ) gerne auf der Fensterbank.
Sie ( ) sich das weiche Fell
und ( ) sich mit der Tatze.

5 Schreibe die Substantive/Nomen aus der Wörterleiste in der Einzahl und Mehrzahl auf: *die Katze – die Katzen, ...*

ZUM ÜBEN

Meine Katze Tinka
Ich habe / eine kleine Katze. Jetzt sitzt sie /
in der Sonne / und putzt sich das Fell.
Ihr liebster Platz / ist das Fensterbrett.
Manchmal kratzt sie mich / mit ihren Krallen.

Merktafel
AH S. 54

Wörter mit ck

1 Lies die Wörter der Wörterleiste.
Wie klingen die Selbstlaute vor **ck**?

2 Schreibe die Wörter ab. Markiere den kurzen Selbstlaut mit einem Punkt und unterstreiche **ck**.

3 Welche Wörter der Leiste kann man trennen?
He-cke, ...

4 Ergänze die Reimwörter.
Markiere die kurzen Selbstlaute.

Hecke	Rock	Rücken	decken
D...	*St...*	*dr...*	*w...*
Schn...	*Bl...*	*pfl...*	*schl...*

5 Schreibe ab und setze die richtigen Substantive/Nomen aus der Leiste ein.

sich am ◯ kratzen, einen ◯ anziehen,
die ◯ schneiden, weniger ◯ essen

Formuliere daraus ⚀ einen Satz, ⚁ zwei Sätze oder ⚂ vier Sätze.

6 Schreibe die Wörter mit **ck** auf Zettel.
Untersuche sie mit dem Wortomaten.

Leon geht mit seinem Dackel Timmi heute eine neue Strecke.
An einer Ecke finden sie einen dicken Stock.
Timmi versteckt ihn in einer Hecke.

7 Welches Wort mit langem Selbstlaut hat sich hier eingeschlichen?

W

die Hecke
der Rock
der Rücken
der Zucker

backen
decken
packen

dick
lecker

Ein Plakat gestalten

Mit einem Plakat kannst du andere über ein Thema informieren.
So gelingt es dir, andere neugierig und aufmerksam zu machen:

passende Überschrift

große Schrift

ordentliche Schrift

knallige Farben

Schreibe mit Bleistift vor oder tippe den Text am Computer.

Überprüfe die Rechtschreibung.

Beschrifte die Bilder.

Lege Bilder und Texte vor dem Kleben an die passende Stelle.

1 Gestalte zu einem Tier selbst ein Plakat. Beachte dabei die Tipps.

Plakat gestalten; Textanordnung, Hervorhebung, Beschriftung;
Textform übersichtlich und zweckmäßig gestalten

Einen Vortrag vorbereiten und halten

Diese Arbeitsschritte helfen dir dabei,
einen interessanten Vortrag zu halten.

1

Sammle Informationen zu deinem Thema.
Schreibe **Stichpunkte auf Zettel** auf.
Sortiere sie in einer sinnvollen Reihenfolge.

2

Sammle **passende Bilder** oder Gegenstände.
Du kannst auch ein **Plakat** gestalten.
Notiere dir auf den Zetteln, wann du was zeigen möchtest.

3

Übe den Vortrag vor dem Spiegel oder vor einem Partner.
Bilde aus den Stichpunkten **mündlich Sätze**.
Übe so lange, bis du die Sätze **frei sprechen** kannst.

4

Halte deinen Vortrag.
Nenne das Thema.
Sprich laut, deutlich und langsam.
Schaue zwischendurch die Zuhörer an.

1 Sammelt Ideen für Einleitungssätze und Schlussworte.

Einen Text vortragen

1 Was stimmt hier nicht? Finde die Fehler.

2 Stelle mit deiner Körper- oder Sitzhaltung ohne zu sprechen eine Stimmung dar. Ein Partnerkind muss diese erraten. Wechselt euch ab.

3 Erstellt zu diesem Plakat einen Vortrag und tragt ihn in verschiedenen Rollen vor.

ängstliche Oma

vergesslicher Professor

komischer Clown

Kuhliefumdenteich

Lebensraum:	Wiese und Gewässer
Nahrung:	Wasserblasen, Blubbersuppe
Schlafplatz:	Seerosenblatt
Feinde:	Wasserflöhe, Luftballons
Besonderheit:	Ohren verwandeln sich bei 27 Grad in Flügel

4 Denkt euch selbst ein Fantasiewesen aus und stellt es vor.

einen Vortrag mit einfacher medialer Unterstützung halten; Variation mit Stimme, Mimik und Gestik

Unsere Welt

Welche Gefühle lösen die Bilder in euch aus?

Hast du eine andere Meinung? Begründe.

Stellt eine Situation in der Schule dar, die euch **fröhlich, wütend, glücklich, traurig** macht.

Kinderwünsche

1 Lies die Texte. Was erfährst du über die Kinder?

Ich wohne mit meiner Familie in einem Haus.
Im Sommer wäre ein Pool in unserem Garten toll. Zu meiner Familie gehören meine Eltern, meine kleine Schwester Martha und zwei Meerschweinchen.
Ich fahre jeden Tag um 7.00 Uhr allein mit dem Fahrrad zur Schule.
Am liebsten mag ich Sachunterricht und Kunst. Einmal in der Woche gehe ich zum Bogenschießen.
Später möchte ich einmal Naturforscher werden.

Henri

Vor vier Jahren sind wir nach Deutschland gekommen. Wir wohnen in einer kleinen Wohnung, meine Mama und ich. Ich habe einen blauen Wellensittich.
Jeden Morgen fährt mich meine Mutter um 6.00 Uhr mit dem Auto in die Schule.
Ich lerne gern, Musik ist mein Lieblingsfach. Einmal in der Woche gehe ich in die Musikschule.
Ich hätte gern ein eigenes Klavier.
Wenn ich groß bin, dann werde ich Musiklehrerin.
Mila

Meine Familie ist groß. Wir sind vier Kinder und zwei Erwachsene. Bei uns hat nicht jeder seinen eigenen Raum. Ich teile mir mit meinem Zwillingsbruder Enis ein Zimmer. Wir wünschen uns einen Hund. Unsere Schwestern haben auch ein gemeinsames Zimmer. Manchmal gibt es da Streit. Enis und ich laufen morgens um 6.30 Uhr in die Schule. Ich hätte gern jeden Tag Sportunterricht, aber Mathe mache ich auch gern. Mein Hobby ist Judo.
Vielleicht werde ich mal ein berühmter Trainer? Adil

2 Was wünschen sich die Kinder? Schreibe so: *Henri wünscht sich …*

3 Überlegt, ob die Wünsche der Kinder erfüllbar sind.
Sprecht darüber.

4 Suche dir ein Kind aus. Ergänze die Informationen über dieses Kind in einer solchen Liste.

Name:	*Start zur Schule:*
Familienmitglieder:	*Schulweg:*
Hobby:	*Lieblingsfach:*
Haustier:	*Berufswunsch:*

5 Schreibe solche Informationen über dich auf.

6 Vergleiche die beiden Listen.
Wo sind Gemeinsamkeiten und Unterschiede?

7 Vergleicht eure Listen in der Gruppe.

8 Was wünscht man jemandem, der …
… nach Hause geht?
… krank ist?
… Geburtstag hat?
… eine wichtige Prüfung hat?
… ein Los gekauft hat?

Alles Gute!
Gute Besserung!
Guten Heimweg!
Viel Glück!
Gutes Gelingen!

9 Hast du einen besonderen Traum oder Wunsch? Schreibe ihn auf, stecke ihn in einen Umschlag und klebe ihn zu. Lege den Umschlag abends unter dein Kopfkissen.

Wörter mit hl, hm, hn, hr M

Oft steht nach einem langen Selbstlaut ein h. Man kann es nicht immer hören.

1 Setze die passenden Wörter ein.

In diesem Jahr f____ wir auf Klassenfahrt. Acht Jungen und z____ Mädchen kommen mit. Wir w____ in Hütten o____ Heizung und n____ Schlafsäcke mit. Viel m____ brauchen wir nicht. Alle sind s____ aufgeregt.

2 Suche das Stichwort **nehmen** im Wörterbuch. Schreibe alles ab, was bei dem Stichwort steht.

3 Ordne alle Wörter aus der Wörterleiste so:

hr: das ...   hn: ...
hm: ...   hl: ...

4 Finde zusammengesetzte Substantive/Nomen mit **Zahn**. Unterstreiche immer das Wort **Zahn**.

- ⚀ MILCH, ARZT, BÜRSTE, PFLEGE
- ⚁ RAD, LÖWEN, WURZEL, BACKEN
- ⚂ NAGEN, ECKE, SCHNEIDEN, WECHSEL

Was stellst du fest?

5 Ordne die Wörter in die Tabelle ein und ergänze die Lücken.

Zahl   Söhne   Jahre   Ohren   Uhren   Zähne   Fahrt

ein/eine	viele

6 Untersuche diese Wörter mit dem Wortomaten. Schreibe sie mit der Wortart auf.

FEHLER   KÜHL   BOHREN   SEHR   WOHNUNG

W

der Sohn
der Zahn
die Zahl
das Jahr
das Ohr
die Uhr

nehmen
wohnen
fahren
zählen
bezahlen

zehn

ohne
mehr
sehr

Merktafel
AH S. 57

Merkwörter M

1 Setze die Wörter aus der Wörterleiste ein.
Es gibt mehrere Möglichkeiten.

Heute ist ___ Geburtstag.
Suchst du noch ein Geschenk für ___ Schwester?
Er möchte alle ___ Freunde einladen.
Kommen ___ Eltern auch?

2 Vergleicht eure Texte.

3 Ordne die zusammengehörenden Wörter in die Tabelle.

ich	du	er/es	wir	ihr	sie
mein					
meine					

W
mein
meine
dein
deine
sein
seine
ihr
ihre
unser
unsere
euer
eure

4 Ergänze mit Wörtern aus der Wörterleiste.

Wir feiern ein Sommerfest. – Es ist unser Sommerfest.
Ich habe Luftballons. – Es sind ___ Luftballons.
Du hast Lose gekauft. – Hast du ___ Lose eingelöst?
Sie haben Gutscheine für Eis. – Wo sind ___ Gutscheine?
Ihr möchtet Limonade? – Hier sind ___ Trinkbecher.

ZUM ÜBEN

Unser Schulfest
Alle Schüler / haben ihre Eltern eingeladen.
Es gibt Eis, / Kuchen und Limonade.
Lenes Vater / zeigt seine Zaubertricks.
Die Mutter von Leon / spielt auf ihrer Gitarre.
Am Abend gibt es / viel zu erzählen.
Allen hat es / sehr gut gefallen.

Sprachspiele bei uns und anderswo

1 Sprecht diese Zungenbrecher so schnell wie möglich.
Wem gelingt es ohne Fehler?

I thought I thought of thinking of thanking you.
(englisch, auf Deutsch: Ich dachte, ich dachte daran zu denken, dir zu danken.)

Liesje leerde Lotje lopen langs de lange Lindelaan.
(holländisch, auf Deutsch: Liesje lernte, entlang der Lindelaan-Straße zu gehen.)

2 Finde heraus, welche deutschen Wörter hier übersetzt wurden.
- Vergleiche die Übersetzungen mit dem deutschen Wort. Was stellst du fest?
- Kannst du die Tabelle mit einer anderen Sprache ergänzen?
- Findest du ein anderes Wort, was in verschiedenen Sprachen ähnlich ist?

Englisch	Polnisch	Spanisch	Tschechisch
sorry!	przepraszam!	perdón	promiňte, prosim!
thank you	dziękuję	gracias	děkuji!
please	proszę	por favor	prosím
hello!	cześć!	¡hola!	haló!

3 Lies die Spielanleitung und erkläre das Spiel.

Farbenwolf aus Frankreich (Loup de couleurs)
Ein Kind spielt den Wolf. Die anderen Kinder laufen umher. Der Wolf ruft eine beliebige Farbe. Die Kinder müssen nun so schnell wie möglich einen Gegenstand dieser Farbe anfassen. Dann sind sie in Sicherheit. Wer nicht schnell genug einen Gegenstand in der Farbe berührt, kann vom Wolf gefangen werden. Für die nächste Runde wird ein neuer Wolf bestimmt.

Telefonieren

Manchmal muss man eine Person anrufen, um etwas persönlich mitzuteilen. Man kann über das Festnetz, mit einem PC oder einem mobilen Gerät telefonieren.

Vorbereitung des Telefonats

Mit wem möchtest du sprechen?
Was möchtest du besprechen?
Welche Telefonnummer hat dein Gespächspartner?

Während des Telefonates

- Stelle dich selbst mit deinem Namen vor.
- Begrüße deinen Gespächspartner.
- Nenne kurz den Anlass deines Anrufs.
- Unterhaltet euch und trefft die Absprachen.
- Bedanke dich für das Gespräch und verabschiede dich.
- Beende das Telefonat mit .

Tipps

- Achte auf den richtigen Zeitpunkt für einen Anruf (nicht nach 20 Uhr).
- Sprich deutlich, freundlich und ruhig.
- Mache zwischen den Sätzen eine kleine Sprechpause.
- Lass deinen Gesprächspartner ausreden.
- Beschäftige dich beim Telefonieren nicht mit anderen Dingen.
- Verwandte freuen sich, wenn man sich erkundigt, wie es ihnen geht.

1 Verabrede dich mit deinem Partner telefonisch für den Nachmittag. Du möchtest zum Spielplatz und dein Partner ins Schwimmbad.

Entschuldigen und bedanken

1 Wie würdest du eine Entschuldigung verschicken und wie nicht? Begründe.

Liebe Alina,
ich kann nicht zu deinem
Geburtstag kommen.
Paul

an: alina@beispiel.com
von: paul@beispiel.com

Liebe Alina, ich kann nicht zu deinem Geburtstag kommen. Paul

Liebe Alina, ich kann nicht zu deinem Geburtstag kommen. Paul

2 Überlegt, wofür ihr euch in der Klasse gegenseitig Danke sagen oder was ihr einander wünschen wollt.
Jeder schreibt seinen Dank oder Wunsch auf einen Klebezettel und heftet ihn an den Platz des betreffenden Kindes.

Amir, du schaffst das schon! ☺

Danke Elena, dass du morgens immer an der Ecke auf mich wartest.

Lieber Marek, ich wünsche dir viel Glück für das Probetraining, damit du in die Mannschaft aufgenommen wirst.

Mit Medien leben

Wie nutzt ihr die Bibliothek?
Welche Angebote macht eure Bibliothek?

Plant einen gemeinsamen Besuch in der Bibliothek.
Was möchtet ihr ausleihen? Begründet.
Überlegt euch, wie ihr die Bibliothekarin nach euren Wünschen fragen möchtet.

Lesen, lesen, lesen

1 Dinge, die man in der Bibliothek ausleihen kann, nennt man Medien.
Wonach würdet ihr diese Medien ordnen?

2 Was findest du in Büchern? Ergänze die Sätze.
⚀ zwei Sätze ⚁ drei Sätze ⚂ möglichst viele Sätze

Etwas über Tiere steht in einem Tierbuch.
Märchen liest man in einem ... Ein Buch mit Rätseln ist ein ...
Ein Buch über Abenteuer ist ein ...
Lieder findet man in einem ...

3 Emil und Juna haben in der Bibliothek ein Märchenbuch gefunden und lesen eine Geschichte. Suche die verkleinerten Formen heraus. Schreibe so: *die Männlein – der Mann, ...*

Die drei Männlein im Walde
Ein Mann heiratete eine neue Frau, die ihrer Stieftochter das Leben schwer machte. Eines Tages im kalten Winter schickte die Stiefmutter die Tochter in den Wald hinaus. Sie zog ihr ein Kleidchen aus Papier an und gab ihr ein Körbchen mit, um Erdbeeren zu sammeln. Dazu bekam sie ein Stückchen hartes Brot. Die Arme sah kein grünes Hälmchen in dem Schnee und lief den ganzen Tag durch die Kälte. Endlich kam sie zu einem Häuschen. Dort wohnten drei Männlein ...

4 Schreibe auf, welche Dinge mit **-chen** und **-lein** im Häuschen sein könnten.

Oberbegriffe finden; zusammengesetzte Substantive/Nomen bilden;
Diminutiv (Verkleinerungsformen) erkennen und verwenden

AH S. 62/63

In der Bibliothek umschauen

1 Schreibe alle Verben mit der Vorsilbe **be-** auf.
Markiere die Vorsilbe. Was hat sich geändert?

halten   stellen   kommen   raten   schreiben

2 Bilde mit dem Verb **halten** neue Wörter, die in die Lücken passen.

In der Bibliothek müssen wir uns still ...
Man darf ein Buch 4 Wochen ...
Du wirst das bestellte Buch an der Theke ...

be-   er-   ver-   halten

3 Bilde mit den Vorsilben neue Verben.

- ⚀ Schreibe drei neue Verben auf.
- ⚁ Füge jedem Verb zwei passende Vorsilben hinzu.
- ⚂ Schreibe vier Sätze mit den neuen Verben auf.

er-   ver-   ent-   be-

zählen   stehen   sorgen

4 Setze Verben mit der passenden Vorsilbe ein.
Achte auf die richtige Personalform.

zer-   ver-   be-   ent-   er-

bringen	*Wir .... zwei Stunden in der Bibliothek.*
stellen	*Ich ... manchmal Medien in anderen Sprachen.*
spannen	*Sofie ... sich auf einem großen Sitzkissen.*
fahren	*Du ... viel Neues.*

MERKE DIR

be-, **er-**, **ver-**, **zer-** und **ent-** sind **Vorsilben**. Damit kann man neue Verben bilden. Diese haben auch eine neue Bedeutung.

Wörter mit V/v M

V kann wie **f** oder **w** gesprochen werden.

1 Schreibe den Text ab und setze **V/v** richtig ein.

Adele geht mit ihrem __ater in die Bibliothek.
Die Regale stehen __oller Bücher.
Hier gibt es ein Buch __on __ier Freunden.
__iele Kinder möchten es ausleihen.
Auf dem Weg nach Hause ist __iel __erkehr.

W

die Vase
der Vater
der Verkehr
der Vogel

versuchen
er versucht

voll
viel
vom
von
vor
vier

2 Wie klingt **V/v** in den Wörtern? Ordne zu.

V wie in Vater	*V wie in Vampir*

Vulkan  Verband 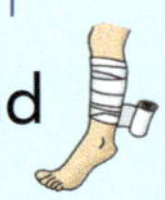 Vogel 

Vase  Klavier  Veilchen 

3 Schreibe die Sätze richtig auf. Denke an den Satzanfang.

viele Bücher | ich | lese

das blaue Buch | ich | vom Regal | oft | hole

kommt | ein Detektiv | darin | vor

4 Bilde Verben mit **ver-** und **vor-**.

- ⚀ Schreibe so: *versuchen, vorspielen, …*
- ⚁ Finde weitere Verben mit **ver-** und **vor-**.
- ⚂ Bilde zu **verreisen** und **vorspielen** alle Personalformen. Was fällt dir auf?

Wenn ein Verb mit **ver-** oder **vor-** beginnt, wird es mit **v** geschrieben.

	suchen		spielen
ver-	reisen	vor-	turnen
	tragen		lesen

Wörter mit V/v am Wortanfang: lautliche Unterschiede kennenlernen und einprägen, Wortbausteine ver-/vor anwenden

Merktafel
AH S. 64

Wörter mit ß M

W
der Fuß
die Füße

die Straße
die Straßen

heißen
er heißt
sie aß
er saß
sie vergaß
es fraß

weiß
heiß
groß
süß

1 Schreibe zusammengesetzte Substantive/Nomen mit **Fuß** und **Straße** auf.
Schreibe so: *der Fußball, die Seestraße, …*

Fuß   Straße

2 Finde das Gegenteil zu den Adjektiven. Schreibe die Gegensatzpaare so auf: *kalt und heiß, …*

Das Eis ist kalt. – Die Suppe ist …
Die Maus ist klein. – Die Giraffe ist …
Die Zitrone ist sauer. – Die Birne ist …
Die Buchstaben sind schwarz. – Die Buchseite ist …

3 Jeder hat einen Namen. Schreibe Sätze auf.

Der Bruder von Gretel heißt … Der Kater von Pettersson heißt …
Der Lokomotivführer heißt … Ein Junge aus Lönneberga heißt …

4 Untersuche diese Wörter mit dem Wortomaten.
Schreibe sie mit ihrer Wortart auf.

SPAß   BLOß   GIEßE   GRUß   FLEIßIG   BEIßEN

5 Erzähle die Geschichte so, als ob sie gestern stattgefunden hat.
Nutze Wörter aus der Leiste. Schreibe so: *Gestern aß ich …*

Heute esse ich ein Eis. Leider vergesse ich, meine Katze zu füttern.
Sie sitzt eine Stunde im Garten und frisst eine Maus.

ZUM ÜBEN

Heute gehen wir zu Fuß / in die Bibliothek.
Ich weiß noch nicht, / welches Buch ich ausleihen werde.
Lesen macht Spaß. Wie heißt dein Lieblingsbuch?

Merktafel
AH S. 65

Eine Bibliothek besuchen

1 Ergänzt die Fragen der Kinder. Was haben sie nicht verstanden?

2 Finde zu jeder Frage die passende Antwort. Schreibe so:
Kostet die Ausleihe etwas? – Die Ausleihe ist kostenlos.

Frage	Antwort
Ist die Bibliothek auch am Wochenende geöffnet?	Man kann ein Buch auch länger als vier Wochen behalten, dann muss man die Frist verlängern.
Wie lange darf ich ein Buch ausleihen?	Dann kann man das Buch auch vorbestellen.
Kann ich das Buch länger als vier Wochen behalten?	Am Wochenende ist die Bibliothek geschlossen.
Was mache ich, wenn ein Buch schon ausgeliehen ist?	Ein Buch darf für vier Wochen ausgeliehen werden.

Eine Buchvorstellung

So bereitest du eine Buchvorstellung vor:

1 Wähle das Buch aus, das du vorstellen möchtest.

2 Schreibe die wichtigsten Informationen auf.

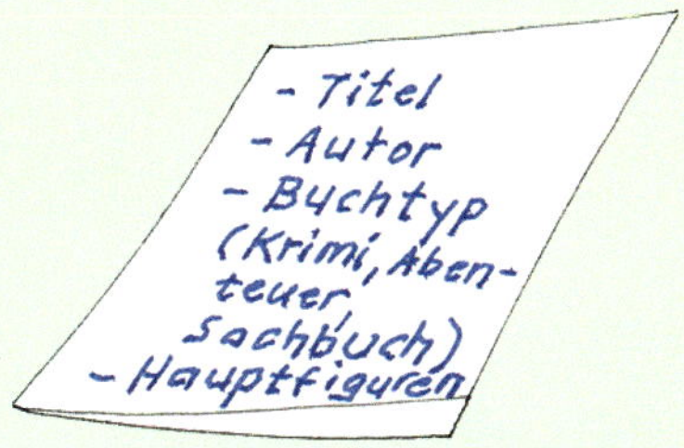

3 Finde passende Textstellen. Suche Bilder aus, die du zeigen möchtest.

4 Erstelle Merkhilfen zu deinem Vortrag.

5 Übe den Vortrag.
- Sprich in Sätzen.
- Sprich laut und deutlich.
- Übe das Vorlesen der Textstelle.

6 Diese Sätze helfen dir beim Vortrag:
- Ich möchte euch das Buch ... von ... vorstellen.
- Es ist ein ...
- Ich habe es ausgewählt, weil ...
- In dem Buch geht es um ...
- Die wichtigsten Personen sind ...
- Diese Textstelle möchte ich euch vorlesen: ...
- Wenn ihr das Buch auch lesen möchtet, findet ihr es in der Bibliothek.
- Habt ihr Fragen?

1 Gebt eine Rückmeldung, was euch an der Buchvorstellung gut gefallen hat. Gibt es Verbesserungsvorschläge?

Eine Geschichte zum Weitergeben

1 Denkt euch eine Weitergeb-Geschichte aus.

1

Legt mehrere Blätter ordentlich übereinander.

2

Heftet die Blätter mit dem Tacker zusammen.

3

Denkt euch gemeinsam den ersten Satz für eine Geschichte aus.

4

Ein Kind nach dem anderen schreibt die Geschichte weiter, bis das Büchlein voll ist. Das letzte Kind denkt sich eine Überschrift aus.

Wer wird Suchmeister?

2 Macht einen Suchwettbewerb auf der Webseite eurer Bibliothek. Notiert eure Ergebnisse.

- Wer findet die meisten Buchtitel des Autors Axel Scheffler?
- Wer findet zum Stichwort PIRATEN die meisten Buchtitel?
- Wer findet die meisten Märchenbücher?

Unheimliches und Spannendes

Ewiger Gruselwald

im dunklen wald wald wald
da wird dir kalt kalt kalt
dich packt der graus graus graus
du willst nach haus haus haus

da bleibst du stehn stehn stehn
hast was gesehn sehn sehn
ein butzemann mann mann
lacht dich frech an an an

da rennst du weg weg weg
suchst ein versteck steck steck
du stolperst husch husch husch
springst in nen busch busch busch

da kommt ein elch elch elch
bringt dir nen kelch kelch kelch
du trinkst daraus raus raus
und fliegst nach haus haus haus

zuhause dann dann dann
fängt's wieder an an an
im dunklen wald wald wald
da wird dir kalt kalt kalt …

Arne Rautenberg

Berichte von einem gruseligen Erlebnis.

Trage das Gedicht vor: – mit geheimnisvoller Stimme
– ganz schnell
– mit tiefer/hoher Stimme

Gestaltet das Gedicht als Klanggeschichte.

Das Schulgespenst

1 Caroline hat ein Gespenst gemalt.
Jede Nacht geistert und spukt es
in der Schule herum …
Gib dem Gespenst einen Namen.

2 Das Gespenst verwandelt sich gern.
Denke dir weitere Gespensternamen aus.
Schmierofax, das Tafelgespenst,
Klecksi, das Pinselgespenst, …

3 Suche dir ein Gespenst aus und male es auf. Schreibe dazu,
wie es heißt, wie es aussieht, wo es wohnt und wie es spukt.

4 Gestaltet ein Gespensterbuch oder stellt eure Gespenster aus.

Gruselige Gespenstergeschichten

1 Welchen Geschichtenanfang findest du besser?
Begründe deine Meinung.

Das Schulgespenst Wanda spukt in der Schule. Es kann fliegen. Es fliegt nur, wenn alle Kinder weg sind. Es fühlt sich besonders in der Turnhalle wohl. Dort kann es so schön fliegen. Eines Tages …	*Paul darf bei Tim übernachten. Tim wohnt in einer alten Villa mitten in einem großen Park. Es ist schon sehr spät. Die Turmuhr hat gerade elf Uhr geschlagen. Schwarze Wolken ziehen am Mond vorbei. Paul und Tim liegen in ihren Betten. Plötzlich spüren sie einen eisigen Luftzug …*

2 Welche von diesen Wörtern sind für dich besonders gruselig?

⚀ Schreibe einige ab.

⚁ Schreibe sie ab und denke dir selbst noch einige aus.

⚂ Denke dir Sätze mit den Gruselwörtern aus und schreibe sie auf.

Gänsehaut   Saft   Schweiß bricht aus   wie versteinert
Tür knarrt   Eulen heulen   Vögel zwitschern   wird kreidebleich
hat rote Backen   steht wie angewurzelt da   bleibt stehen
Sonnenschein   eisiger Luftzug   lieb   froh   Vogelnest
Spinnweben   Gespensterzeit   strubblige Haare
wie von Geisterhand   Uhr tickt   Glocke bimmelt

3 Was könnte Kabelfax in der Schule erleben?
Schreibe die Geschichte weiter.
Verwende die Satzanfänge: Plötzlich … Auf einmal … Am Morgen … Völlig unerwartet … In der Nacht … In diesem Augenblick …

Eine Geschichte vorstellen

Katja hat eine Geschichte geschrieben. Sie liest sie vor.
Was gefällt den Kindern, was gefällt ihnen nicht?

Eine Checkliste hilft,
Geschichten zu überarbeiten.

	ja	nein
Hat die Geschichte eine passende Überschrift?		
Kann man alles verstehen?		
Stimmt die Reihenfolge?		
Werden einige Wörter zu oft verwendet?		

Kriterien für die Überarbeitung einer Geschichte kennenlernen; mit Checkliste arbeiten; Formulierungen für die Äußerung von Meinungen üben

Eine Geschichte überarbeiten

1 Katja hat ihre Geschichte überarbeitet.
Lies diese Geschichte.

Das kleine Gespenst

Spuki lebt in einer alten Burgruine. Es ist traurig. Die anderen Gespenster lachen Spuki immer aus, weil es so dreckige Füße hat. Eines Tages ziehen dunkle Wolken auf, und es regnet. Überall im Burghof sind riesige Pfützen. Plötzlich hat Spuki eine Idee. Es springt von Pfütze zu Pfütze. Jetzt lachen die anderen Gespenster nicht mehr, denn Spukis Füße sind nun sehr sauber.

2 Was hat Katja verändert?

3 Schreibt eine eigene Gespenstergeschichte.

Wähle eine Überschrift oder denke dir eine aus.

Spuk um Mitternacht | In der Geisterbahn | Im Gruselschloss | ...

Achte auf verschiedene Satzanfänge.

Auf einmal ... | Plötzlich ... | Eines Tages ... | ...

Verwende passende Adjektive.

schrecklich | eisig | kreidebleich | finster | ...

4 Stellt euch die Geschichten gegenseitig vor.

5 Überarbeitet sie mithilfe der Tipps.

Zauberei mit Wörtern

1 Findet die Regel für das Wörterspiel und spielt es weiter.

2 Schreibe die Wörter, die ihr gefunden habt, mit Artikel auf: *das Hexenhaus, ...*

3 Lies den Gespensterbrief. Schreibe ihn richtig auf.

Hallo freunde,
in der nacht ist es in
der schule so leise ich
habe mich gefürchtet
meine schönen bücher
mit gruselgeschichten
kann ich immer noch
nicht lesen wollt ihr
mir helfen
euer schulgespenst

4 Auf dem Gespensterschloss findest du viele **G**-Wörter. Bilde mit möglichst vielen **G**-Wörtern Sätze.
Graue Gespenster geistern ...

Regeln eines Sprachspiels erkennen und anwenden;
Regeln der Großschreibung von Substantiven/Nomen und am Satzanfang wiederholen

5 Wie heißen die verhexten Wörter?

 das iKdn
 die leEu
 das lossSch
 der zPli

6 Schreibe die Wörter aus Aufgabe 5 in Einzahl und Mehrzahl auf. Markiere, was sich in der Mehrzahl verändert hat.

Einzahl	Mehrzahl
das Kind	die ...

7 Wortbausteine:

⚀ Bilde mit den Wortbausteinen neue Wörter und schreibe sie auf.

⚁ Bilde mit den Wortbausteinen neue Wörter und setze sie ein.

mit, hoch, nach, fliegen, über, los

Das Gespenst fliegt in den Wald.

Um Mitternacht ( ) es vom Glockenturm ( ).

Sein Freund Emil ( ) ihm ( ).

Zuerst ( ) sie in den Himmel ( ).

Danach ( ) sie den Wald.

( ) die anderen Gespenster auch ( )?

8 Das Gespenst murmelt geheimnisvolle Sprüche. Aber wo ist das letzte Wort geblieben? Reime die Sprüche zu Ende.

9 Dichte selbst lustige Zaubersprüche.

Wörter mit Ä/ä

1 Finde im Wörterverzeichnis die Mehrzahlformen. Markiere in den Wörtern **a** und **ä**.

die Bank – …
der Mann – …
der Ast – …
das Blatt – …
die Hand – …
der Apfel – …
der Zahn – …
der Saft – …

W

der Apfel
der Ast
das Bad
die Bank
das Blatt
das Fach
die Hand
der Mann
die Nacht
der Saft
der Zahn

2 Schreibe die Sätze ab. Ergänze **a** oder **ä**.

Papa baut ein neues Schubf_ch in den Schrank. In den F_chern Mathe und Sport bin ich besonders gut. Viele Menschen müssen in der N_cht arbeiten. In vielen N_chten scheint der Mond am Himmel. Morgens gehe ich zuerst ins B_d. Im Sommer sind die Hallenb_der geschlossen.

Man schreibt **ä,** wenn es ein verwandtes Wort mit **a** gibt: *die Äpfel – der Apfel, das Päckchen – packen, die Wärme – warm*

3 **ä** oder **e**? Begründet so wie die Kinder. Schreibt richtig auf.

W_sche W_lt Beh_lter W_lder
Z_lt Tr_ger B_cker Pf_rd

Merktafel
AH S. 70

5 Setze passende Verben aus der Wörterleiste ein.

Emil ... den Ball auf. Anna ... jetzt eine Brille.
Opa ... das Geschirr ab.
Emma ... etwas Wichtiges ein.
Papa ... mit dem Bus zur Arbeit.

6 Setze die Wörter **alt – älter, kalt – kälter** oder **warm – wärmer** ein.

Tante Kati ist schon ..., aber Oma ist noch ... .
Im Frühling ist es oft ..., aber im Sommer ist es ... .
Mein Saft ist ..., aber Collins Eis ist ... .

7 Welche Wörter gehören zu einer Wortfamilie?
Rahme die Wortstämme ein.
Schreibe so: *kalt: ..., alt: ..., warm: ...*

die Erkältung die Wärme die Wärmflasche kälter
der Älteste die Erwärmung das Alter die Kälte älter

8 Finde zu den Substantiven/Nomen verwandte Verben in der Wörterleiste.
Schreibe so: *der Fang – fangen – sie fängt*

der Schlaf der Halt der Schlag die Wäsche

W

fahren
er fährt
fallen
sie fällt
fangen
er fängt
halten
sie hält
schlafen
sie schläft
schlagen
er schlägt
tragen
sie trägt
waschen
er wäscht

alt
kalt
warm

ZUM ÜBEN

Die kleine Fledermaus / schlägt mit den Flügeln.
Unser Hund schläft / in seinem Körbchen.
In unserer Stadt / gibt es zwei Hallenbäder.
Ich putze meine Zähne / sehr gründlich.
Im Herbst fallen die Blätter / von den Bäumen.
Wie viele Bänke stehen / im Klassenzimmer?

Wörter mit vielen Mitlauten

W

das Obst
die Antwort
die Wurst
der Herbst

ernten
pflanzen
pflegen

selbst

1 Im Text haben sich einige Wörter aus der Wörterleiste versteckt. Schreibe sie heraus.

Im Gespenstergarten

Auch Gespenster mögen Obst. Sie pflanzen es im Herbst in ihrem Schattengarten an. Schattenobst braucht viel Wind und Dunkelheit. Man muss es gut pflegen und nach genau 375 Stunden ernten. Es schmeckt herrlich süß und neblig.

2 Finde passende Substantive/Nomen zu den Verben.

ernten – die ..., pflanzen – die ...,
pflegen – die ..., antworten – die ...

3 Was kannst du schon **selbst**? *Ich kann schon selbst ...*
Schreibe ⚀ zwei Sätze ⚁ vier Sätze oder ⚂ sechs Sätze.

lesen, zum Mond fliegen, ein Rätsel lösen, Schleifen binden, zur Schule gehen, Auto fahren, rechnen, Nudeln kochen, am Computer schreiben, ein Brötchen kaufen

4 Bilde zusammengesetzte Substantive/Nomen mit noch mehr Mitlauten. Welches Wort hat die meisten nacheinander?

Obst	Herbst	Angst	Wurst
Hase	Schnitte	Brot	Blume

ZUM ÜBEN

Kann man im Herbst Obst und Gemüse ernten?
Leonard gibt eine kluge Antwort.
Maya schneidet die Wurst in Scheiben.
Wir wollen die kranke Katze pflegen.
Opa pflanzt selbst einen Baum.

Wörter mit Sp/sp oder St/st am Wortanfang M

1 Lies die Wörter der Wörterleiste. Wie sprichst du **sp** und **st** am Wortanfang? Was schreibst du am Wortanfang?

2 Ordne die Wörter aus der Wortleiste in eine Tabelle ein:

Sp sp	St st
…	…

3 Ergänze Substantive/Nomen aus der Wörterleiste. Markiere in allen Wörtern **st** und **sp**.

durch die  *spazieren*

den roten  *spitzen*

über die 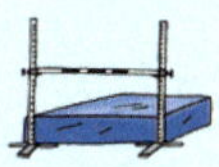 *springen*

W

der Spaziergang
der Sport
die Stadt
der Strauch
die Stange
der Stift
die Stunde

sparen
sie spart
spielen
sie spielt
stellen
sie stellt
stehen
sie steht

still

4 Ergänze Verben aus der Wörterleiste in der richtigen Personalform.

Erik … für ein neues Fahrrad. Amelie … die Teller auf den Tisch. Die Jungen … zusammen Fußball. Das Buch … im Regal.

5 Bilde zusammengesetzte Substantive/Nomen.

Stunde Schule Plan Sport Stadt

6 Ordne nach dem Abc.

still Stall Stern Stange Stiefel Stamm Stein Stängel Stecker

MERKE DIR

Du sprichst und hörst schp und scht, musst aber **sp** und **st** schreiben: ***sp**ielen, die **Sp**inne, **st**ehen, der **St**ock.*

Erlaubnis für Fotos

1 Helene hat Fotos beim Wandertag gemacht und möchte sie für die Klassenzeitung verwenden. Entscheidet, bei welchen Fotos dies möglich ist. Lest dazu den Text.

Menschen dürfen nur fotografiert werden, wenn sie damit einverstanden sind. Man muss die Personen auf einem Foto immer erst fragen, bevor man das Foto über das Telefon verschickt, ins Internet stellt oder für eine Klassenzeitung verwendet. Wenn man nicht um Erlaubnis gefragt hat, kann es sein, dass man zur Strafe viel Geld bezahlen muss.

Schlüsselwörter

Helene denkt sich für ein sicheres Passwort einen Satz mit einer Zahl aus.

Möchtest du vielleicht 5 Kugeln leckeres Erdbeereis?

Sie markiert alle Anfangsbuchstaben und das Satzzeichen.

Möchtest du vielleicht 5 Kugeln leckeres Erdbeereis?

Nun hat sie ein sicheres Passwort, das sie sich gut merken kann: Mdv5KlE?

2 Denke dir selbst ein sicheres Passwort aus.

3 Welches dieser Passwörter ist sicher? Erklärt, warum.

Helene   abcde   98765   lwsg23dRdL!   MeinPasswort

Im Sommer

- Erzähle zu den Bildern eine Geschichte.
- Berichtet euch gegenseitig davon, ob ihr schwimmen lernen möchtet oder ob ihr es schon könnt.
- Warum ist es wichtig, schwimmen zu können? Findet Begründungen.

eine Bildgeschichte in der richtigen Reihenfolge erzählen, Geschichte als Gesprächsanlass über eigene Erlebnisse und Meinungen nutzen; Gruppendiskussion

Eine Postkarte schreiben

1 Lies die Postkarte. Was erfährst du?

2 Was steht alles auf einer Postkarte?

3 Erkläre den Unterschied zwischen Absender und Empfänger.

4 Schreibe deine eigene Adresse auf.

5 Was könnte der Detektiv seinem Freund aus dem Urlaub schreiben?

6 Auf welche Art kann man außerdem noch Urlaubsgrüße verschicken? Schreibe eine solche Nachricht.

Den Sommer verbringen

1 Auf welche unterschiedliche Art kannst du dein Eis essen? Erkläre die Unterschiede.

probieren

kosten

genießen

naschen

essen

schlecken

verschlingen

2 Finde noch mehr Verben aus dem Wortfeld **essen**.

3 Setze passende Verben ein.
Zu welchem Wortfeld gehören sie?

Rieke will mit ihren Eltern zum See ___ .
Sie ___ über die Wiese.
Zwei Störche ___ durch das hohe Gras.
Sie beobachten sie eine Weile.
Dann ___ sie weiter. Endlich sind sie da.
Schnell ___ sie ins Wasser.

wandern
laufen
rennen
schreiten
marschieren
gehen
stolpern

4 Schreibe den Text auf. Vergleicht eure Lösungen.

5 Was kann man alles im Wasser machen?
- Schreibe die Wörter richtig auf.
- Finde weitere passende Wörter.
- Schreibe mit den Wörtern jeweils einen Satz.

schwimmen
paddeln
plantschen
kraulen
tauchen

Wörter mit au und äu

1 Wie viele Dinge siehst du? Schreibe die genaue Zahl auf und ergänze die Einzahl. Markiere **au** und **äu**: *drei Häuser – ein Haus ...*

Man schreibt **äu**, wenn es ein verwandtes Wort mit **au** gibt.
*die M**äu**se – die M**au**s, die B**äu**me – der B**au**m, der L**äu**fer – l**au**fen*

W
der Bauch
die Bäuche

der Bauer
die Bäuerin

der Baum
die Bäume

das Haus
die Häuser

die Maus
die Mäuse

bauen
laufen
sie läuft

2 Finde verwandte Wörter mit **au**.
Markiere **äu** und **au** in den Wörtern.

- ⚀ Träume, Räume, Sträucher
- ⚁ Bäuerin, Läufer, Mäuerchen, Räuber
- ⚂ schäumen, bräunlich, Gebäude, läuten

3 **äu** oder **eu**? Begründet so wie die Kinder. Schreibt richtig auf.

Ich kenne ein verwandtes Wort mit **au**. Also schreibe ich **äu** – Fäuste.

Ich kenne kein verwandtes Wort mit **au**. Also schreibe ich **eu** – Kreuze.

Schl__che Fr__nde Kr__ter B__che

L__te bl__lich erfr__lich l__chten

Merktafel
AH S. 77

Wochentage und Monate

1 Schreibe die Wochentage in der richtigen Reihenfolge auf.
Wochentage: Mo…

2 Stellt euch gegenseitig Fragen zu den Wochentagen.

Welcher Tag kommt nach Mittwoch?
Welcher Tag kommt vor Montag?

3 Schreibe richtig auf:
Gestern war …
Heute ist …
Morgen ist …

4 Schreibe die zwölf Monatsnamen in der richtigen Reihenfolge auf.
Monate: Ja…

5 Beantworte die Fragen mithilfe eines Kalenders.
- ⚀ In welchem Monat hast du Geburtstag? An welchem Wochentag ist er in diesem Jahr?
- ⚁ An welchem Wochentag ist Silvester? In welchem Monat feiern wir Weihnachten?
- ⚂ Wie viele Tage hat der Februar? In welchem Monat beginnen die Sommerferien?

W

Wochentage
Dienstag
Donnerstag
Freitag
Mittwoch
Montag
Samstag/ Sonnabend
Sonntag

Monate
August
April
Dezember
Februar
Januar
Juni
Juli
März
Mai
November
Oktober
September

ZUM ÜBEN

Mein Wochenplan
Am Montag / putze ich / mein Fahrrad.
Am Dienstag / gehe ich / schwimmen.
Am Mittwoch / hole ich / meinen Freund ab.
Am Donnerstag / lese ich / ein Buch.
Am Freitag / zähle ich / mein Taschengeld.
Am Sonnabend und am Sonntag / habe ich frei.

Mit und ohne Sprache

1 Jan erzählt zu Hause von seinem Klassenausflug in den Zoo. Dann schreibt er etwas darüber auf. Finde die Unterschiede.

Also, gestern war'n wir im Zoo. Echt krasse Tiere gibt's da! Die Giraffen haben voll lange Hälse und fressen Grünzeug von den Bäumen. Cool waren auch die Tiger. Die haben mega viel Fleisch gefressen.

Gestern haben wir einen Ausflug in den Zoo gemacht. Dort haben wir viele Tiere gesehen. Besonders lang war ich bei den Giraffen. Sie haben sehr lange Hälse, mit denen sie Blätter von den Bäumen fressen können. Auch die ~~Tieger~~ Tiger fand ich super. Sie haben während der Fütterung große Stücke rohes Fleisch gefressen.

2 Brief oder Telefonat? Wo kommen diese Sätze eher vor?

Läuft bei mir!

Wie geht es dir?

Hoffentlich sehen wir uns bald wieder.

Liebe Emma!

Hi Kumpel, was geht?

Lassma treffen!

3 Man kann sich auch ohne Worte verständigen. Was könnte das bedeuten?

Das nennt man Pantomime.

4 Drücke diese Sätze ohne Sprache aus.

Hab' dich lieb. Komm rein! Das hast du toll gemacht!

Lass das! Das verstehe ich nicht. Was hast du gesagt?

Unterschiede zwischen gesprochener und geschriebener Sprache wahrnehmen; Verständigung mit Pantomime

Einen Brief schreiben

Mit einem Brief kannst du jemandem ausführlicher schreiben und über deine Erlebnisse berichten. Dabei musst du Folgendes beachten:

Ort, Datum	Bergen, den 30.7.20_
Anrede	Liebe Amelie,
Brieftext	jetzt bin ich schon seit zwei Wochen bei meiner Tante auf Rügen. Langweilig wird es nicht. Wenn die Sonne scheint, gehen wir an den Strand zum Baden und Spielen. Wenn es mal regnet, machen wir es uns gemütlich und spielen Karten. Wie ist das Wetter bei euch und was machst du den ganzen Tag?
Schlusssatz	Ich freue mich sehr, dich bald wiederzusehen und wieder mit dir zu spielen.
Grüße und Unterschrift	Viele Grüße, dein Jan

Adresse des Absenders	Jan Schröder Uferweg 24 18528 Bergen/Rügen
Briefmarke	
Adresse des Empfängers	Amelie Weber Urlaubstraße 2 04159 Leipzig

Versteckte Botschaften und Sprachspiele

1 Welche Wörter sind hier verspiegelt?

Schwimmbad
Feriencamp
Himbeereis
Fahrradtour

2 Stellt selbst eine Spiegelbotschaft her.

3 Funker verschicken Nachrichten und nutzen dabei das Morsealphabet. Es übersetzt Buchstaben in kurze und lange Töne, die als Punkte und Striche aufgeschrieben werden.

Das Morsealphabet

A	· –	J	· – – –	S	· · ·
B	– · · ·	K	– · –	T	–
C	– · – ·	L	· – · ·	U	· · –
D	– · ·	M	– –	V	· · · –
E	·	N	– ·	W	· – –
F	· · – ·	O	– – –	X	– · · –
G	– – ·	P	· – – ·	Y	– · – –
H	· · · ·	Q	– – · –	Z	– – · ·
I	· ·	R	· – ·		

Entschlüsselt ihr die gemorsten Wörter?

· · – ·   ·   · – ·   · ·   ·   – ·

·   · ·   · · ·

– –   ·   ·   · – ·

· – –   · –   · – ·   – –

4 Übersetzt eigene Wörter in Morsesignale und klopft sie euch gegenseitig vor.

Unser Zirkus

1 Was weißt du alles über einen Zirkus?
Erzähle, wie dein eigener Fantasiezirkus sein könnte.
Was denkst du über Tiere im Zirkus?

2 Stell dir vor, du bist der Zirkusdirektor.
Sage den Zuschauern eine besondere Vorstellung an.

BIST DU FIT?

Das Abc

1 Wie heißen die Nachbarbuchstaben?
Schreibe so auf: *A B C, ...*

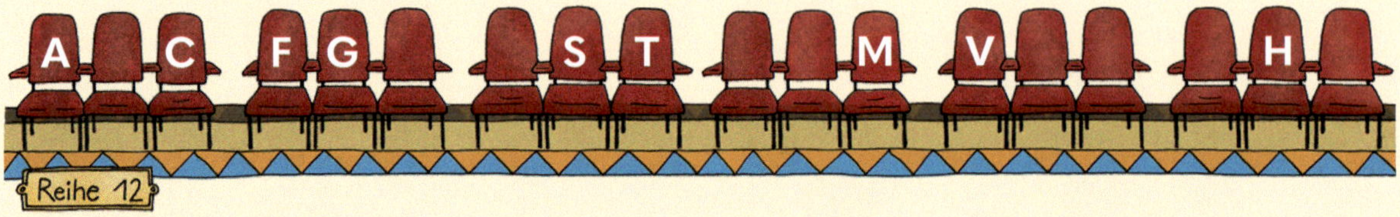

2 Bei der Schlange fehlen einige Buchstaben. Schreibe sie auf.
Sie ergeben ein Lösungswort.

3 Ordne die Wörter in jedem Wagen nach dem Abc.

4 Sprich die Wörter deutlich.
Schreibe sie auf und kontrolliere mit dem Wörterbuch.
Schreibe so: *der Apfel – Seite ..., Spalte ...*

Schlage dazu nach auf **S. 12/13**.

Wiederholung: Reihenfolge im Alphabet; Wörter sortieren; im Wörterbuch nachschlagen

Laute und Silben

1 Sortiere nach Selbstlauten und Mitlauten.

Selbstlaute	Mitlaute

2 Schreibe die Sätze richtig auf. Vier Selbstlaute sind vertauscht.
Markiere danach alle Selbstlaute.

Der freche Uffe holt vom Menn den Hat.
Er dreht sich schnell um und
springt davon. Ille lachen.

3 Bilde aus zwei Silben ein Wort und schreibe es auf.
Zeichne Silbenbögen. Markiere den Umlaut.

Lö Tü Kä Kö Sä Kü

ken nig we te fer ge

4 Schreibe in die Tabelle, was die Zuschauer im Zirkus machen und was die Akrobaten machen. Markiere die Zwielaute.

Zuschauer	Akrobaten

ein Ticket kaufen   auf einem Pferd reiten

sich über den Clown freuen   auf das Podest steigen

ein Kunststück zeigen   gespannt zuschauen

Schlage dazu nach auf **S. 14–17.**

BIST DU FIT?

Substantive/Nomen

1 Schreibe die Substantive/Nomen mit Artikel auf. Ordne sie so:

Menschen: ...
Tiere: ...
Pflanzen: ...
Dinge: ...

2 Bilde zu den Substantiven/Nomen aus Aufgabe 1 die Mehrzahl.

3 Schreibe die Substantive/Nomen mit Artikel in der Einzahl und Mehrzahl auf.
Schreibe so: *der Hut – die Hüte, ...*

HUT LUSTIG KAUFEN
VATER SCHÖN KOSTÜM
KLATSCHEN PLATZ STUHL

4 Setze **ein** oder **eine** richtig ein.

Der Clown hat ____ 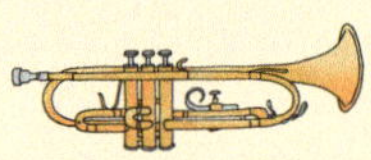 .

Max kauft ____  .

Weit oben hängt ____ 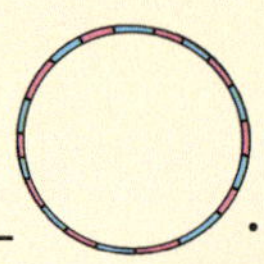 .

In der Ecke sehe ich ____  .

Schlage dazu nach auf **S. 26/27**.

Adjektive

1 Wie sind die Dinge, die im Koffer sind?
Schreibe so:
rote Tücher – Die Tücher sind rot.

2 Wie sehen die Clowns aus?
Beschreibe einen Clown mit den passenden Adjektiven.

W
- lockig
- glatt
- gut
- schlecht
- braun
- grün
- bunt
- rot
- kariert
- gestreift
- löchrig

Alfredo	Fred
Alfredo hat ... Haare.	Fred hat ... Haare.
Er hat heute ... Laune.	Er hat heute ... Laune.
Er trägt eine ... Jacke.	Er trägt eine ... Jacke.
Sie hat drei ... Knöpfe.	Sie hat drei ... Knöpfe.
Alfredo hat eine ... Hose und ... Schuhe an.	Fred hat eine ... Hose und ... Schuhe an.

Schlage dazu nach auf **S. 37/38.**

Verben

1 Setze die Verben der Wörterleiste in der richtigen Form ein.

In der Zirkusvorstellung
Die Familie ... auf ihren Plätzen. Der Löwe ... durch den Reifen. Die Tänzerin ... mit einem Band. Der Hund ... laut. Das Mädchen ... leise. Die Mutter ... es. Der Clown ... auf dem Boden und ... . Wie ... es weiter?

W
liegen
sitzen
springen
bellen
weinen
trösten
gehen
tanzen
schlafen

2 Schreibe den Text von Aufgabe 1 richtig in dein Heft. Rahme die Wortstämme der gebeugten Verben ein und markiere die Endungen.

3 Schreibe alle gebeugten Verbformen von **staunen** auf.

ich ... *wir ...*
du ... *ihr ...*
es ... *sie ...*

4 Ergänze die gebeugten Verbformen von **sein** in den Sätzen. Überprüfe mit dem Wörterverzeichnis.

Das Spiel ... heute sehr spannend.
Wir ... die grüne Mannschaft.
Ihr ... die blaue Mannschaft.
Du ... der Nächste! Ich ... sehr aufgeregt.

Schlage dazu nach auf **S. 48/50.**

Sätze

1 Lies den Text und achte auf
die Pausen am Satzende.
Was stellst du fest?
Schreibe den Text richtig auf.

Das Licht geht an die Kinder sitzen
auf den Bänken und staunen über
ihnen tanzt ein Seiltänzer am Rand
verkauft ein Mann Eis

2 Schreibe das Gespräch auf. Setze die richtigen Satzzeichen.

3 Bilde eigene spaßige Sätze. Es können auch Fragesätze sein.

Der Clown	liegt	auf der Bühne.
Der Affe	sitzt	an der Kasse.
Der Löwe	tanzt	in der Vorstellung.
Die Akrobatin	steht	auf dem Seil.
Der Direktor	turnt	auf dem Klavier.
Der Zauberer	spielt	in der Manege.
Der Dompteur	brüllt	auf dem Elefanten.
Die Kapelle	lacht	an der Eisbude.

Schlage dazu nach auf **S. 59, 70/71.**

Wiederholung: Aussage-, Frage- und Aufforderungssatz, Ausrufe;
Satzschlusszeichen; Großschreibung Satzanfang

Wortbildung

1 Bilde zusammengesetzte Substantive/Nomen mit dem Wort **Zirkus**.
Schreibe: *das Zirkuszelt, ...*

Zelt
Wagen
Clown
Zirkus
Löwe
Pferd
Direktor

2 Der Clown kann neue Verben mit Wortbausteinen zaubern.
Schreibe sie auf.

3 Hier sind Wörter aus zwei Wortfamilien durcheinandergeraten.
Sortiere sie in die Tabelle.
Unterstreiche den Wortstamm.

zaubern	*springen*

Springseil Zauberhut verzaubern Springpferd Zauberstab
Zauberer Sprung überspringen Zauberspruch Springreiter

4 Bilde verkleinerte Formen mit **-chen** und **-lein**.
Markiere Umlaute und Zwielaute.
Schreibe so: *der Stuhl – das Stühlchen, ...*

Stuhl Bach Vogel Buch Hund
Mann Apfel Bohne Haus Frosch

Schlage dazu nach auf **S. 82/83, 108**.

Sechs Tricks zum richtigen Schreiben

1 Lies die Fantasiewörter genau. Schreibe richtig ab und sprich dabei deutlich mit. Zeichne Silbenbögen.

Lanotakomirosel Warisomutafimo Regrebennat Samotnirak

2 Höre, ob der Selbstlaut kurz oder lang ist. Entscheide, ob danach ein Mitlaut folgt oder zwei.

Vo▢el Wa▢er Ha▢e Bla▢ Wo▢e

3 Setze die fehlenden Buchstaben richtig ein. **b–p g–k d–t**

die Han▢ kran▢ sie schrei▢t er fra▢t das Hef▢ lan▢

4 Prüfe mit dem Wortomaten, ob diese Wörter groß- oder kleingeschrieben werden.

KERZE KENNE KAUM KLEIN KERN KAUFEN

5 Setze **eu** oder **äu** richtig ein.

die H▢ser tr▢men das F▢er

der L▢fer das Z▢gnis r▢men

6 Schreibe ab und markiere, was das Besondere in diesen Wörtern ist.
Was musst du dir merken?

viel Fuß Strauch gehen wir Baby Tee Käfer

Schlage dazu nach auf **S. 11, 29, 62, 63, 73, 122.**

Eine Geschichte schreiben

1 Clown Joni möchte verreisen. Erfinde eine eigene Geschichte.
Schreibe deinen Entwurf in Stichpunkten auf.
Die Fragen helfen dir.

2 Schreibe nun deine Geschichte in Sätzen auf.

3 Verwende unterschiedliche Satzanfänge und besondere Wörter.

4 Lest euch eure Geschichten gegenseitig vor und überarbeitet sie.

5 Schreibt eure Geschichten am Computer ab und gestaltet die Schrift.

Schlage dazu nach auf **S. 80/81, 118/119, 65.**

Wörterverzeichnis

A a

ab
der Abend, die Abende
aber
acht
alle, alles
als
also
alt, älter: ein alter Baum,
älter als ich
am
die Ampel, die Ampeln
an
die Antwort, die Antworten
antworten, sie antwortet
der Apfel, die Äpfel
der April
die Arbeit, die Arbeiten
arbeiten, er arbeitet
der Arm, die Arme
er aß ↗ essen
der Ast, die Äste
auch
auf
die Aufgabe, die Aufgaben
das Auge, die Augen
der August
aus
das Auto, die Autos

B b

das Baby, die Babys
das Bad, die Bäder
baden, sie badet
bald
der Ball, die Bälle
die Bank, die Bänke
der Bär, die Bären
er bat ↗ bitten
der Bauch, die Bäuche
bauen, sie baut
der Bauer, die Bauern
der Baum, die Bäume
bei
das Bein, die Beine
bewegen, er bewegt
bezahlen, sie bezahlt
die Biene, die Bienen
das Bild, die Bilder
ich bin ↗ sein: Ich bin da.
die Birne, die Birnen
bis
du bist ↗ sein: Du bist da.
bitten, er bittet, er bat
das Blatt, die Blätter
blau: das blaue Kleid
bleiben, sie bleibt, sie blieb
sie blieb ↗ bleiben
blühen, es blüht
die Blume, die Blumen
die Blüte, die Blüten
der Boden, die Böden
böse: ein böser Traum
sie brachte ↗ bringen
brauchen, er braucht
braun: braunes Fell
breit: ein breiter Bus
der Brief, die Briefe
bringen, sie bringt, sie brachte
das Brot, die Brote
der Bruder, die Brüder
das Buch, die Bücher
bunt: die bunten Blätter
der Bus, die Busse
der Busch, die Büsche
die Butter

C c

der Cent, die Cents
der Computer, die Computer

D d

da
sie dachte ↗ denken
der Dank
danken, er dankt
dann
das

dass
dein, deine, deiner
dem
den
denken, sie denkt, sie dachte
denn
der
des
der Dezember
dich
die
der Dienstag, die Dienstage
diese, dieser, dieses
dir
doch
der Donnerstag, die Donnerstage
dort
drei
drücken, sie drückt
du
dunkel: im dunklen Keller
durch

E e

das Ei, die Eier
ein, eine, einer, eines
einem
einen
eins
einzeln: ein einzelnes Haus, in einzelnen Klassen
das Eis
elf
die Eltern
das Ende, die Enden
eng: der enge Schuh
die Ente, die Enten
er
die Erde, die Erden
es
essen, er isst, er aß, gegessen; Iss etwas!
etwas
euch
euer, eure
die Eule, die Eulen
der Euro, die Euros

F f

das Fach, die Fächer
fahren, sie fährt, sie fuhr
sie fährt ↗ fahren
fallen, er fällt, er fiel
falsch: ein falsches Ergebnis
die Familie, die Familien
sie fand ↗ finden
fangen, sie fängt, sie fing
die Farbe, die Farben
der Februar
die Feier, die Feiern
feiern, er feiert
fein: feiner Sand
das Feld, die Felder
das Fenster, die Fenster
die Ferien
er fiel ↗ fallen
finden, sie findet, sie fand
sie fing ↗ fangen
der Finger, die Finger
der Fisch, die Fische
die Flasche, die Flaschen
fliegen, er fliegt, er flog
er flog ↗ fliegen
der Flügel, die Flügel
flüssig: flüssig schreiben
das Foto, die Fotos
fragen, sie fragte
die Frau, die Frauen
der Freitag, die Freitage
fremd: fremde Leute, der/die Fremde
die Freude, die Freuden
sich freuen, er freut sich
der Freund, die Freunde
die Freundin, die Freundinnen
frisch: frisches Obst
die Frucht, die Früchte
früh: morgen früh, die frühe Stunde
der Frühling
sie fuhr ↗ fahren
füllen, sie füllt

fünf
für
der Fuß, die Füße

G g

er gab ↗ geben
ganz: die ganze Welt
der Garten, die Gärten
geben, er gibt, er gab
gegen
gehen, sie geht, sie ging
gelb: die gelbe Blume
das Geld, die Gelder
das Gemüse
das Gesicht, die Gesichter
gestern
gesund: gesundes Essen
er gibt ↗ geben
sie ging ↗ gehen
das Gras, die Gräser
grau: graues Wetter
groß, größer: ein großes Eis
grün: das grüne Gras
gut, besser: ein gutes Buch

H h

das Haar, die Haare
haben, ich habe, du hast, er hat, ihr habt, er hatte
sie half ↗ helfen
der Hals, die Hälse
halten, sie hält, sie hielt
die Hand, die Hände
hart, härter: hartes Brot
der Hase, die Hasen
ihr habt ↗ haben
du hast ↗ haben
er hat ↗ haben
er hatte ↗ haben
das Haus, die Häuser
die Haut, die Häute
die Hecke, die Hecken
das Heft, die Hefte
heiß: heißer Tee
heißen, er heißt, er hieß
helfen, sie hilft, sie half; Hilf mir bitte!
hell: das helle Licht
das Hemd, die Hemden
her
der Herbst
der Herr, die Herren
heute
die Hexe, die Hexen
hier
er hieß ↗ heißen
die Hilfe, die Hilfen
sie hilft ↗ helfen
der Himmel
hin
hinter
der Hof, die Höfe
holen, er holt
hören, sie hört
die Hose, die Hosen
der Hund, die Hunde
hundert

I i

ich
der Igel, die Igel
ihm
ihn
ihnen
ihr, ihre
im
immer
in
ins
die Insel, die Inseln
er isst ↗ essen
es ist ↗ sein: Es ist kalt.

J j

ja
das Jahr, die Jahre
der Januar
jede, jeder, jedes
jetzt
der Juli

der Junge, die Jungen
der Juni

K k

der Käfer, die Käfer
der Kalender, die Kalender
kalt, kälter: ein kalter Wind
die Kälte
er kam ↗ kommen
sie kann ↗ können
der Käse
die Katze, die Katzen
kaufen, sie kauft
kein, keine, keiner
der Keks, die Kekse
das Kind, die Kinder
die Klasse, die Klassen
kleben, es klebt
das Kleid, die Kleider
klein: ein kleines Kind
kommen, er kommt, er kam
können, sie kann, sie konnte
sie konnte ↗ können
der Kopf, die Köpfe
der Korb, die Körbe
der Körper, die Körper
krank: ein krankes Tier
die Küche, die Küchen
der Kuchen, die Kuchen
die Kuh, die Kühe

L l

lachen, er lacht
sie lag ↗ liegen
die Lampe, die Lampen
sie las ↗ lesen
laufen, sie läuft, sie lief
sie läuft ↗ laufen
laut: ein lauter Knall
leben, er lebt
lecker: eine leckere Torte
legen, sie legt
leicht: leichte Arbeit
leise: leise sein
lernen, er lernt
lesen, sie liest, sie las; Lies die Aufgabe!
die Leute
das Lexikon, die Lexika
das Licht, die Lichter
lieb: ein liebes Kind
lieben, er liebt
sie lief ↗ laufen
sie liest ↗ lesen
liegen, sie liegt, sie lag
lösen, er löst

M m

machen, sie macht
das Mädchen, die Mädchen
der Mai
malen, er malt
die Mama, die Mamas
man
der Mann, die Männer
der März
die Maus, die Mäuse
mehr
mein, meine, meiner
sich melden, sie meldet sich
das Messer, die Messer
mich
die Minute, die Minuten
mir
mit
der Mittwoch
der Monat, die Monate
der Montag, die Montage
der Morgen, die Morgen
morgen
morgens
müde: müde sein
der Mund, die Münder
müssen, er muss
der Mut
mutig: ein mutiger Kämpfer
die Mutter, die Mütter

N n

nach
die **Nacht**, die Nächte
sie **nahm** ↗ nehmen
der **Name**, die Namen
die **Nase**, die Nasen
der **Nebel**
nehmen, sie nimmt, sie nahm
nein
nett: ein netter Gruß
neu: eine neue Puppe
neun
nicht, nichts
nie
sie **nimmt** ↗ nehmen
noch
der **November**
nun
nur

O o

ob
oben
das **Obst**
oder
oft
ohne
das **Ohr**, die Ohren
der **Oktober**
die **Oma**, die Omas
der **Onkel**, die Onkel
der **Opa**, die Opas
das **Ostern**

P p

der **Papa**, die Papas
das **Papier**, die Papiere
die **Pause**, die Pausen
das **Pferd**, das Pferde
pflanzen, er pflanzt
pflegen, sie pflegt
der **Platz**, die Plätze
die **Post**
die **Puppe**, die Puppen
putzen, er putzt

Qu qu

quaken, es quakt

R r

er **rannte** ↗ rennen
die **Raupe**, die Raupen
rechnen, sie rechnet
reden, er redet
der **Regen**
reich: ein reiches Land
reisen, sie reist
rennen, er rennt, er rannte
sie **rief** ↗ rufen
der **Ring**, die Ringe
der **Rock**, die Röcke
rollen, es rollt
rot: ein roter Ball
der **Rücken**, die Rücken
rufen, sie ruft, sie rief

S s

der **Saft**, die Säfte
sagen, er sagt
er **sah** ↗ sehen
das **Salz**, die Salze
der **Samstag**, die Samstage
der **Sand**
sandig: sandige Hände
sie **sang** ↗ singen
er **saß** ↗ sitzen
satt: Ich bin satt.
der **Satz**, die Sätze
sauber: eine saubere Hose
schauen, sie schaut
scheinen, es scheint, es schien
die **Schere**, die Scheren
es **schien** ↗ scheinen
schlafen, er schläft, er schlief
er **schläft** ↗ schlafen
schlagen, sie schlägt, sie schlug
sie **schlägt** ↗ schlagen
schlau: eine schlaue Antwort
er **schlief** ↗ schlafen

sie schlug ↗ schlagen
der Schnee
schneiden, er schneidet, er schnitt
schnell: ein schneller Zug
er schnitt ↗ schneiden
schon
schön: ein schönes Kleid
schreiben, sie schreibt, sie schrieb
sie schrieb ↗ schreiben
die Schrift, die Schriften
der Schuh, die Schuhe
die Schule, die Schulen
der Schüler, die Schüler
die Schülerin, die Schülerinnen
schwarz: schwarzer Tee
schwer: der schwere Koffer
die Schwester, die Schwestern
sechs
der See, die Seen
sehen, er sieht, er sah; Sieh an!
sehr
sei: Sei leise!
ihr seid ↗ sein
die Seife, die Seifen
sein, ich bin, du bist, er ist, wir sind, ihr seid, sie sind, er war, es wäre
sein, seine, seiner
seit
die Seite, die Seiten
die Sekunde, die Sekunden
selbst
der September
sich
sie
sieben
wir sind ↗ sein
singen, sie singt, sie sang
sitzen, er sitzt, er saß
so
der Sohn, die Söhne
sollen, sie soll
der Sommer
der Sonnabend, die Sonnabende
die Sonne, die Sonnen
der Sonntag, die Sonntage
sparen, er spart
der Spaziergang, die Spaziergänge
spielen, sie spielt
der Sport
die Stadt, die Städte
er stand ↗ stehen
die Stange, die Stangen
der Stängel, die Stängel
stehen, er steht, er stand
stellen, sie stellt
der Stift, die Stifte
still: ein stiller Ort
die Straße, die Straßen
der Strauch, die Sträucher
die Stunde, die Stunden
suchen, er sucht

T t

die Tafel, die Tafeln
der Tag, die Tage
die Tante, die Tanten
tanzen, sie tanzt
die Tasche, die Taschen
der Tee, die Tees
teilen, er teilt
das Telefon, die Telefone
das Tier, die Tiere
der Tisch, die Tische
die Tochter, die Töchter
tragen, sie trägt, sie trug
sie trägt ↗ tragen
er trank ↗ trinken
trinken, er trinkt, er trank
sie trug ↗ tragen
die Tür, die Türen
der Turm, die Türme
turnen, sie turnt
die Tüte, die Tüten

U u

üben, er übt
über
die Übung, die Übungen
die Uhr, die Uhren
um
und
uns

unsere, unser
unten
unter

V v

der Vater, die Väter
der Verkehr
versuchen, sie versucht
viel: viele Monate
vier
der Vogel, die Vögel
voll
vom
von
vor

W w

der Wagen, die Wagen
wann
war ↗ sein
es wäre ↗ sein
er warf ↗ werfen
warm, wärmer: das warme Wasser
die Wärme
warten, er wartet
warum
was
waschen, du wäschst, sie wusch
das Wasser
der Weg, die Wege
das Weihnachten
weil
weiß: der weiße Schnee
weit: ein weiter Weg
welche, welcher
wen
wenig: nur wenige Cents
wenn
wer
werden, du wirst, sie wird
werfen, er wirft, er warf; Wirf hin!
das Wetter
wie
wieder
die Wiese, die Wiesen
er will ↗ wollen
der Wind, die Winde
der Winter
wir
sie wird ↗ werden
er wirft ↗ werfen
du wirst ↗ werden
wo
die Woche, die Wochen
wohnen, sie wohnt
die Wolke, die Wolken
wollen, er will
das Wort, die Wörter, die Worte
der Wunsch, die Wünsche
wünschen, du wünschst, sie wünscht
die Wurst, die Würste
die Wurzel, die Wurzeln
sie wusch ↗ waschen

X x

das Xylofon, die Xylofone

Y y

das Ypsilon, die Ypsilons (Buchstabe: Y)

Z z

die Zahl, die Zahlen
zählen, er zählt
der Zahn, die Zähne
der Zeh (die Zehe), die Zehen
zehn
zeigen, sie zeigt
die Zeit, die Zeiten
das Zimmer, die Zimmer
der Zoo, die Zoos
zu
der Zucker
zum
zur
zusammen
zwei
die Zwiebel, die Zwiebeln
zwölf

Kapitel	Sprechen und Zuhören	Schreiben/ Texte verfassen	Sprache und Sprachgebrauch untersuchen
In der Schule Seite 9–20	**9** über ein Erlebnis erzählen; zuhören; Informationen zu Sachverhalten zusammenhängend weitergeben	**10** ein eigenes Anliegen aufschreiben	**14** Vokale und Konsonanten unterscheiden **15** Umlaute **16** Diphtonge **17** Wörter bestehen aus Silben, jede Silbe hat einen Vokal, Umlaut oder Diphtong
Im Herbst Seite 21–32	**21** Ein Gedicht mit der Stimme gestalten, mit Schwerpunkt auf Betonung, Tempo und Melodie; **22** Beobachtungen über Naturphänomene wiedergeben; Sachverhalte beschreiben	**23** Wörter themenorientiert sammeln, Textsorte Akrostichon kennenlernen, einfache Gedichtform schreiben	**24** Substantive/Nomen kennenlernen; **25** Substantive/Nomen nach Kategorien ordnen; Großschreibung von Substantiven/Nomen; **26** bestimmte und unbestimmte Artikel kennenlernen; Gebrauch der Artikel erproben; **27** Singular und Plural von Substantiven/Nomen kennenlernen; Regeln für Artikel im Plural; unterschiedliche Bildung der Substantive/Nomen im Plural; **30** Regeln zur Erkennung eines Substantivs/Nomens (Artikelprobe und Pluralprobe)
Miteinander leben Seite 33–44	**33** über Anliegen und Konflikte sprechen; **34** sich in andere hineinversetzen; verschiedene Ausdrucksformen kennenlernen; **35** Standpunkte anderer benennen können; szenisches Darstellen von Gesprächssituationen; Konfliktlösung	**36** Checkliste schreiben; Einladung schreiben und gestalten; **38** Textteile in die richtige Form bringen	**37** Adjektive erkennen und zur näheren Beschreibung nutzen; Gegensatzpaare finden; **38** attributiver und adverbialer Gebrauch von Adjektiven; **39** Regeln zur Erkennung eines Adjektivs
Märchenzeit Seite 45–56	**45** Bild als Erzählanlass nutzen; Märchen nacherzählen; **46** Reihenfolge beim Erzählen berücksichtigen; unterschiedliche Satzanfänge nutzen; **47** szenisches Darstellen; **48** pantomimisches Darstellen	**47** Listen erstellen	**48** Funktion des Verbes kennenlernen; **49** Grundform und gebeugte Form; **50** Konjugation unregelmäßiger Verben; Rätsel und Märchensprüche, **51** Regeln zur Erkennung eines Verbes
Im Winter Seite 57–66	**57** ein Gedicht vortragen; verschiedene Ausdrucksmittel verwenden	**58** einen Stichwortzettel erstellen; **61** Informationen geordnet darstellen; unterschiedliche Satzanfänge nutzen	**59** Verb: Wortstamm und Endung erkennen; den Satz als Sinneinheit erkennen; Aussagesatz kennenlernen; **60** Satzanfang und Satzende erfassen, Satz als Teil eines Textes; sinnvolle Sätze bilden, Großschreibung am Satzanfang
Das tut mir gut Seite 67–76	**67** eine eigene Meinung äußern und begründen; über Konflikte sprechen; **68** Reflexionsgespräch; Diskussion; Standpunkte anderer benennen; Rollenspiel; **69** Kennen von Gesprächsregeln	**69** Gebrauchsform Entschuldigung	**70** Fragesatz; Satzschlusszeichen Fragezeichen kennenlernen; Fragepronomen; Großschreibung Satzanfang; **71** Aufforderungssatz, Ausruf; Satzschlusszeichen Ausrufezeichen kennenlernen, **72** Intonation der Satzarten; Satzarten unterscheiden und Satzschlusszeichen setzen
Im Frühling Seite 77–88	**77** Sachverhalte beschreiben; Informationen in zusammenhängenden Sätzen weitergeben; Arbeitsvorhaben in der Gruppe besprechen; **78** Textaussagen und Fragestellungen mit Textstellen belegen; eigene Gedanken und Erlebnisse situationsangemessen erzählen	**79** passende Adjektive in einen Text einsetzen; eine Geschichte aus einer anderen Perspektive schreiben; Textideen entwickeln, Geschichten weitererzählen; **83** Wörter zu einem Thema sammeln	**82** Bildung Komposita; **83** Wortfamilien kennenlernen

Richtig schreiben/ Rechtschreiben	Arbeitstechniken	Medienerziehung/Projekte
11 lauttreu schreiben; Strategie „Genau hören und sprechen“ **12** Alphabet kennen und Wörter nach den Anfangsbuchstaben ordnen	**18/19** Wörter nachschlagen können	**20** analoge schriftliche Kommunikation, sprachliche Botschaften; Orientierung in Nachschlagewerken Fächerübergreifende Idee: **11** Fundstücke-Plakat basteln
28 Wörter mit -el, -en und -er am Ende; **29** Strategie „Wörter verlängern“ – Substantive/Nomen mit b, d und g am Ende (Pluralbildung); **30** Strategie „Wörter großschreiben“, Substantive/Nomen	**22** Eine Tabelle kennenlernen; **31** Richtig abschreiben	**32** Arten von Printmedien; Informationsrecherche in Printmedien (Zeitschriften und Kinderlexika) Fächerübergreifende Idee: **25** Kastanienmännchen basteln
40 Strategie „Wörter verlängern“ – Adjektive mit b, d und g am Ende; **41** Wörter mit Sch/sch am Wortanfang	**42/43** Übungsformen zur Rechtschreibung: Partnerdiktat, Laufdiktat, Klappdiktat, Dosendiktat	**44** Arten der häuslichen Mediennutzung; Sprechen über individuelle Medienerfahrung, Dauer der Nutzung Fächerübergreifende Idee: **39** Einen fantasievollen Wortart-Automaten basteln
54 Strategie „Wörter verlängern“– Verben mit b, d und g am Ende des Wortstammes; **55** Wörter mit ch: auf lautliche Unterschiede achten	**52** Redemittel und Vortragshilfen nutzen; **53** Techniken des verstehenden Zuhörens nutzen	**56** Leseerlebnisse mit einfachen Mitteln spielerisch darstellen und bildlich gestalten Fächerübergreifende Idee: **47/56** eine Märchenaufführung planen
62 Strategie „Länge des Selbstlauts hören“ – kurze und lange Vokale hörend unterscheiden; **63** Strategie „Wörter merken“	**64** digitale Geräte und ihre Bestandteile kennenlernen; **65** Bedienhandlungen zur Textverarbeitung am Computer kennenlernen	**66** Texte am Computer schreiben; Texte gestalten; Sprachspiele Fächerübergreifende Idee: **61** gemeinsam Plätzchen backen
74 Wörter mit ng und nk, Verlängerungsprobe; **75** Wörter mit ie: den langen und den kurzen i-Laut unterscheiden	**73** Regeln zur Großschreibung der Wortarten Substantiv/Nomen, Verb und Adjektiv kennen	**76** digitale Informationsrecherche; Suchmaschinen kennenlernen; Informationen auswählen und prüfen Fächerübergreifende Idee: **69** Klassenregeln zur Konfliktlösung erstellen
84/85 Wörter mit doppelten Konsonanten nach kurzem Vokal; **86** Wörter mit verschiedenen Konsonanten nach kurzem Vokal; **87** Wörter mit silbentrennendem h	**80** Teile einer Geschichte kennen und benennen: Überschrift, Einleitung, Hauptteil, Schluss; die W-Fragen kennen; **81** Teile einer Geschichte nach vorgegebenem Muster schreiben	**88** Vergleich von Medienbeiträgen; themengleiche Beiträge aus verschiedenen Medien; Unterscheidung von Werbung und Information Fächerübergreifende Idee: **77** Beete mit Frühblühern in Obstkisten anlegen

Kapitel	Sprechen und Zuhören	Schreiben/ Texte verfassen	Sprache und Sprachgebrauch untersuchen
Von Tieren und Menschen Seite 89–98 	**89** über Dinge aus der Lebenswelt erzählen; zusammenhängend einfache Erklärungen geben; Informationen erfragen und weitergeben	**90** Fragen stellen und Antworten geben; Kategorien zu Fragen bilden; Informationen geordnet darstellen; **91** Informationen aus Texten entnehmen; Notizen und Stichwörter aufschreiben; Schreibinteresse bilden	**92** mit Wortbausteinen neue Verben bilden; **93** veränderte Wortbedeutung erkennen; Hauptsätze mit Verbklammer bilden
Unsere Welt Seite 99–106 	**99** Gefühle ausdrücken; eigene Meinung über Erzähltes äußern und begründen; Situationen darstellen	**100** aus einem Text Informationen entnehmen; **101** Informationen in Kategorien ordnen; Stichpunkte aufschreiben; Wünsche und Vorstellungen äußern, Gebrauchsform Glückwunsch verwenden	**104** gebräuchliche Wendungen in anderen Sprachen; eine Spielanleitung verstehen; mit Sprache spielerisch umgehen
Mit Medien leben Seite 107–114 	**107** Beobachtungen wiedergeben; Informationen erfragen und weitergeben; **112** Mitteilungen verstehen; Unverstandenes nachfragen	**114** selbst verfasste Texte analog und digital gestalten, drucken, sammeln und präsentieren	**108** Oberbegriffe finden; Komposita bilden; Diminutiv (Verkleinerungsformen) erkennen und verwenden; **109** mit Präfixen neue Verben bilden; veränderte Wortbedeutung erkennen; **112** über Verständigungsprobleme sprechen
Unheimliches und Spannendes Seite 115–126 	**115** ein Gedicht vortragen und mit der Stimme gestalten; über ein Erlebnis erzählen	**116** eine literarische Figur erfinden; **117** eine Geschichte weitererzählen; treffende Wörter finden; einen Text nach Impuls schreiben	**116** Komposita bilden; **120** Regeln eines Sprachspiels erkennen und anwenden; Regeln der Großschreibung von Substantiven/Nomen und am Satzanfang wiederholen; **121** Singular/Plural bilden; Verben mit Wortbausteinen bilden; Reimwörter finden
Im Sommer Seite 127–134 	**127** eine Bildgeschichte in der richtigen Reihenfolge erzählen, Geschichte als Gesprächsanlass über eigene Erlebnisse und Meinungen nutzen; Gruppendiskussion; **132** Verständigung mit Pantomime	**128** formaler Aufbau eines Kartengrußes; Bestandteile einer Anschrift; Kurznachricht schreiben; **133** Schreibform Brief	**129** Wortfeld essen in Sinnzusammenhängen erarbeiten; Wortfelder gehen und schwimmen kennenlernen; **132** Unterschiede zwischen gesprochener und geschriebener Sprache wahrnehmen
Bist du fit? Seite 135–144 	**135** Wiederholung: Bild als Erzählanlass nutzen; mit der Stimme gestalten	**144** Wiederholung: eine Geschichte schreiben	**137** Wiederholung: Laute und Silben; **138** Substantive (Nomen); **139** Adjektive; **140** Verben; **141** Sätze; **142** Wortbildung

Regelmäßig wiederkehrende Anforderungen:
- Verstehen von Arbeitsanweisungen
- Arbeit mit dem Wörterverzeichnis
- Arbeit mit den Wörtern aus der Wörterleiste (blaue Seiten)

Richtig schreiben/ Rechtschreiben	Arbeitstechniken	Medienerziehung/Projekte
94 Wörter mit tz üben; auf Vokallänge hin untersuchen; **95** Wörter mit ck üben; Vokallänge ermitteln; Trennungsregel beachten	**96** Plakat gestalten; Textanordnung, Hervorhebung, Beschriftung; Textform übersichtlich und zweckmäßig gestalten; **97** Präsentation und Vortrag zu einem vorbereiteten Thema: Informationssuche, Stichpunkte, Redemittel	**98** einen Vortrag mit einfacher medialer Unterstützung halten; Variation mit Stimme, Mimik und Gestik Fächerübergreifende Idee: **90** eine Zoohandlung/ein Tierheim besuchen und sich über Tiere informieren
102 Wörter mit hl, hm, hn und hr üben; **103** sich Merkwörter einprägen (wichtige Pronomen)	**105** Gebrauchsform Telefonieren üben; Gesprächsstrategien	**106** analoge und digitale Kommunikationsformen thematisieren, Kommunikationsregeln, Gebrauchsform Entschuldigung und Bedanken Fächerübergreifende Idee: **104** Wortsammlungen zu verschiedenen Sprachen anlegen
110 Wörter mit V/v am Wortanfang: lautliche Unterschiede kennenlernen und einprägen, Wortbausteine ver-/vor anwenden; **111** Wörter mit ß einprägen	**113** Strategien zur Vorbereitung einer Buchvorstellung nutzen: Reihenfolge, Elemente einer Buchvorstellung, Merkhilfen für einen Vortrag; Textmuster kennen	**114** Recherche im digitalen Bibliotheksangebot Fächerübergreifende Idee: **107** Eine Bibliothek besuchen
122/123 Wörter mit Ä/ä: Strategie „Verwandte Wörter ableiten“; **124** Wörter mit Mitlauthäufung üben; **125** Sp/sp oder St/st am Wortanfang: Phonem-Graphem-Zuordnung bewusst machen	**118** Kriterien für die Überarbeitung einer Geschichte kennenlernen; mit Checkliste arbeiten; Formulierungen für die Äußerung von Meinungen üben; **119** eine Geschichte anhand von gemeinsam erarbeiteten Kriterien überprüfen	**126** rechtliche Aspekte der Nutzung von Medien; ein Passwort erstellen Fächerübergreifende Idee: **116** ein Gespensterbuch gestalten und eine Ausstellung mit Gespensterzeichnungen machen
130 Wörter mit Äu/äu: Strategie „Verwandte Wörter ableiten“; **131** Wochentage und Monate	**133** formaler Aufbau eines Briefes; Bestandteile einer Anschrift	**134** Botschaften übermitteln mit besonderen sprachlichen Zeichen Fächerübergreifende Idee: **132** Eine Sammlung von Sprachspielen für Urlaubsfahrten anlegen
136 Wiederholung: Reihenfolge im Alphabet; Wörter sortieren; im Wörterbuch nachschlagen; **143** Rechtschreibstrategien		

Sprach*freunde* 2

Erarbeitet von
Simone Behr, Katharina Förster, Solveig Haugwitz, Kathrin Knutas, Karin Kühne

Unter Einbeziehung der Ausgabe von
Heike Bonas, Antje Delonge, Anja Hollik, Peter Sonnenburg

Unter Beratung von
Melanie Föhrigen (Dessau), Gabriele Grünes (Magdala), Laura Schmidt (Rostock),
Romy Wittig (Marienberg), Antje Zienicke (Luckenwalde)

Redaktion: Ute Kister

Illustrationen: Barbara Schumann, Katja Wehner, Uta Bettzieche (Detektiv + Hund),
Alexander von Knorre (S. 35)

Umschlaggestaltung: corngreen, Leipzig; Barbara Schumann (Illustration)

Layout und technische Umsetzung: Heike Börner, orangerie-grafikdesign, Berlin

www.cornelsen.de

1. Auflage, 5. Druck 2025

Alle Drucke dieser Auflage sind inhaltlich unverändert und können im Unterricht nebeneinander verwendet werden.

Druck: Mohn Media Mohndruck, Gütersloh

ISBN 978-3-464-80300-4 (Schülerbuch)

PEFC
PEFC/04-31-1033

PEFC-zertifiziert
Dieses Produkt stammt aus nachhaltig bewirtschafteten Wäldern und kontrollierten Quellen
www.pefc.de